Wie man die Frauen verführt

Filippo Tommaso Marinetti

Wie man die Frauen verführt

Aus dem Italienischen übertragen
und mit einem Nachwort
von Stefanie Golisch

Matthes & Seitz Berlin

Der österreichischen Granate
der es nicht gelang,
meine vulkanisch berstenden Bombardierungen
von Zagora zu löschen und die mir deshalb,
verwirrter als hunderte vor ihr,
Gesicht Schenkel Beine
mit den einzigen Tätowierungen schmückte,
die uns Futuristen, uns hochzivilisierten Barbaren,
würdig sind, uns, die wir für
die Verjüngung und Vergrößerung
des italienischen Genies kämpfen.

F. T. Marinetti

Dieses vom Leben beglaubigte Buch wurde von Marinetti im September 1916, bevor er als freiwilliger Artillerist an die Front zog, diktiert und von dem verwundeten Marinetti während eines Genesungsaufenthalts im Militärlazarett von Udine korrigiert.

Inhalt

Die Frau und die Vielfalt

Ein Buch über die Kunst, die Frauen zu verführen, in diesem Moment? ... Ja, eben jetzt, im futuristischen Brand der Nationen, inmitten dieses hygienischen befreienden erneuernden verhundertfachenden Krieges, verspüre ich das Bedürfnis, Euch zu sagen, wie man die Frauen verführt.

Der Krieg verleiht der Frau ihren wahren Geschmack und ihren echten Wert. Dieses Buch wäre ein Anachronismus, wenn es vor oder nach dem Krieg erschienen wäre.

Dies werde ich Euch sogleich frohgemut beweisen.

Die Frauen werden unverzüglich in die Schützengräben flüchten, um sich vor meinen unvermeidlichen Angriffen in Sicherheit zu bringen. Für sie kann dieses Buch nichts als Anklagen, Verurteilungen und harsche Kritik an ihrem entzückenden Geschlecht bereithalten. Ich weiß dies aus anhaltender und eindringlicher Erfahrung, und indem ich den Stift in den Händen halte, der dieses Geschlecht glorifizieren wird, verspüre ich sogar eine Art erotischen Spasmus. Dabei halte ich jedoch keineswegs einen Stift in den Händen, vielmehr beginne ich dieses Buch meinem Busenfreund Bruno Corra zu diktieren, der, trotz seiner Jugend ein ausgewiesener Kenner der gefährlichen Materie, schmunzelt. Ich diktiere im Zimmer auf und ab schreitend, hart und abgehackt die Stimme, schneidend der Schritt, meine zahlreichen Zigaretten verrauchen spiralförmig Erinnerungen im Rhythmus meiner bombardierenden Sporen. In diesem Hotel, in dem ich auf den Marschbefehl zur Front warte, auf der Eisenbahn, im beißenden Geruch graugrüner Schützengräben, zwischen den Stößen und

Puffen der Soldaten, werde ich fortfahren, dieses Buch *in aller Schnelle* zu diktieren, während ich dabei mit meiner ganzen Brutalität den wunderbar biegsamen Körper jener Frau bearbeite, die sich aus den hundert Frauen zusammensetzt, die jeder Mann mit sich in den Krieg nimmt. Jeder … ein Italiener selbstredend, vollkommen männlich, frei von jedem nordischen Vorurteil, Feind der Bibliotheken und innerlich tief in jenem großen Brunnen der Sinnlichkeit wurzelnd, den wir das Mittelmeer nennen. Ein unlogisches Buch also, das sich glücklich preisen darf, den undefinierbaren Händen hässlicher Frauen entrissen zu werden, während es den präzisen und zarten Fingern schöner Frauen indes zweifellos gefallen wird.

Schön, mehr oder weniger. Ich beziehe mich auf den geheimnisvoll-tierischen Magnetismus, nicht die vollkommene Schönheit, die der Frau jede Anziehungskraft raubt.

Schön sein zu wollen ist viel mehr als jeder körperliche Glanz. Auf meinen ausgedehnten erotisch-sentimentalen Entdeckungsreisen habe ich stets die intelligenten Körper gesucht, die wachsamen, die ihre Begierde je nach Art des angestrebten Genusses zu verkleiden verstehen. Frauen, die eine sogenannte *natürliche* Schönheit zur Schau stellen, sind zutiefst lächerlich, langweilig und in ihrem Genuss durchaus gehemmt. Körperliche Intelligenz kann man weder lernen noch sich eigentlich aneignen. Sie ist eine Art willentlicher Instinkt, der allen Raubtieren zu eigen ist. Präzise schmachtender Blick, Orchestrierung der Stimme, samtene Kraft des Schrittes, Anschmiegsamkeit, mit der man sich auf einem Diwan oder den Kissen eines Bettes niederlässt, das kontinuierliche Korrigieren des hervorstechendsten und gefährlichsten körperlichen Defektes. Jede Frau besitzt einen solchen. Ich höre eine lockenprächtige Zwanzigjährige mit kleinen runden Brüsten mir protestierend zurufen: »Ich habe keine Mängel.« Doch, gebe ich ihr zur Antwort, denjenigen nämlich, vollkommen sein zu wollen. Ihr müsst, um einen Mann nicht sofort zu langweilen, die absolute antisexuelle und antierotische Bewunderung, die das Gleichmaß Eurer Formen hervorruft, irgendwie vergessen machen. Ein zwanzig-, dreißig-, vierzigjähriger Mann wird angesichts der vollkommenen Schönheit einer Frau stets jene Langeweile verspüren, die einen unwillkürlich in einem Museum erfasst. Dies ist eine persönliche Feststellung: Es gibt hier keine allgemeinen Gesetze. Jede Frau ist ein Fall für sich oder besser, Tausende von besonderen und unterschiedlichsten Fällen, die den Tausenden unterschiedlichen Liebesverwicklungen entsprechen, wie sie das Leben für sie bereithält. Jede Frau hängt von dem Manne ab, den sie liebt, und von der Umgebung, in der sie ihn liebt. Nichts ist weniger veränderbar und weniger vorhersehbar. Eine Frau gibt sich in Mailand zurückhaltend und halbherzig hin, in Klammern gewissermaßen und unter vorübergehendem Entzug; träfe sie denselben Mann in Rom, so öffnete sie ihm, brutal und großzügig, Nerven, Geist, Körper. Ich will hiermit keineswegs die erotischen Qualitäten Roms anpreisen, sondern ich spreche von Städten im Allgemeinen. Dieses höchst überzeugende Prinzip wird jedoch von hundert gegensätzlichen Erfahrungen zugleich widerlegt. Eine Pariserin aus dem Faubourg Saint Honoré, die, wenngleich keineswegs manisch veranlagt, sich lieber umgebracht hätte, anstatt sich auf einem uneleganten Bette niederzulassen, wurde von mir auf das Natürlichste in mehr als fünfzig stinkenden Betten in mehr als fünfzig ultrastinkenden Hotels im Quartier Latin flachgelegt. Ich betone dies nicht, um mich meines verführerischen Charmes zu rühmen, sondern stelle in dieser Dame lediglich zwei radikal voneinander geschiedene Lebensweisen fest sowie die spezifische Fähigkeit, sich in der jeweiligen Umgebung der Liebe vollkommen zu zerstreuen. *Nicht alle Männer sind fähig, sich diese Disposition zur Zerstreuung zunutze zu machen.* In der Tat kann man zwei Kategorien von Männern unterscheiden: jene, die eine Frau instinktiv wahrnehmen, sie magnetisch beeinflussen, sie mit Leichtigkeit nehmen und verstehen, und diejenigen, die sie nur wenig erfühlen, die sie mittelmäßig beeinflussen und fast niemals begreifen. Mehr als die Hälfte der italienischen Männer verfügt über die Kraft, das schöne Geschlecht zu verführen und zu verstehen. In Spanien und in Frankreich ist diese Fähigkeit weit weniger entwickelt als bei uns. In Russland und England ist sie quasi inexistent. Diese Kraft wird direkt von der Sonne gesteigert, und ihre größten Feinde sind der Nebel und der Alkohol. Ein Mann, der durch den Alkohol eine künstliche Sonne an nordischen Himmeln zu entzünden trachtet, läuft Gefahr, sich eine in ihrer Sensibilität künstliche Frau zu erschaffen. Das Vertrauen in die Treue der Frau ist das Produkt einer Atmosphäre ohne Wärme und Farbe. Dieses Vertrauen verflüssigt sich automatisch unter der Sonne Siziliens. Im Orient, wo die Untreue der Frau eine unbestreitbare Fatalität darstellt, hat der überhebliche Mann als Korrektiv den Eunuchen erfunden. Die nordische Frau ist frei und dies zuvörderst, weil der Mann an ihre geistige Beständigkeit und Festigkeit glaubt, und im Übrigen, weil er sie körperlich wenig schätzt und sie als typisch instinktives, elementares, atmosphärisches, barometrisches Wesen vollkommen verkennt. In einem ultraintellektuellen Moskauer Salon sah ich plötzlich zwei wunderbare Frauen auftauchen, gefolgt von ihren unbedeutenden Ehemännern, blass, zierlich, zitternde Augen hinter dem Lorgnon, lascher Händedruck, säuerliche Stimmen verschreckter Ziegen unter einem Bombardement: zwei dekadente Poeten. Sogleich wurde ich der schöneren der beiden halbnackten Ehefrauen vorgestellt, die beide kein Wort Französisch noch Italienisch verstanden. Während der Hausherr mir das zerstreute Geplauder der schönen Frau über den literarischen Wert eines russischen Dichters und über die Schönheiten Italiens übersetzte, unterhielt sich ihr intelligenter Körper angeregt mit dem meinen. Ein ausdrucksstarker und ehrlicher Dialog. Der rötliche Bart, das Lorgnon und das hinkende Stimmchen des Ehemannes zerbröckelten in einer Litanei enervierendster Geräusche, die dem Geheul eines Bettlers glichen oder dem eines alten Päderasten, der von seinem Freunde am Tor eines Freudenhauses stehen gelassen wurde. Dieses Insektengenage schwieg also. Feuchtheiße Atmosphäre, Elektrizität tropischer Wälder. Süßes Gewicht der beiden Frauenkörper inmitten der Stoffe, im Laubwerk der langsamen Fächer und gefälligen Federn. Parfums und Schmuck aus der Rue de la Paix akzentuierten die runden Düfte und die spiralförmigen Fluchten der weiblichen Stimmen. Mit meiner eigenen Stimme ließ ich das *Bombardamento di Adrianopoli* erschallen, die Gesten und den Schritt eines geborenen Kolonisators. Riesiger körperlicher Erfolg, komplette Verschmelzung mit der Haut der beiden Damen. Ich wurde aufgefordert, mich zwischen die beiden Dichterfrauen zu setzen. Diese, begeistert wie zwei Blätter im Wind. Aufgrund meines sprachlichen Unvermögens verwandelten sich Sessel, Bilder, Frauen, Männer, Samt, Schmuck und Seiden in Minerale, Pflanzen, Tiere. Im angrenzenden Salon wurde auf Teufel komm raus gezecht. Polyphonie der Kristalle, Stöpsel, Stimmen, Schäume, blonden Lachens. Orkangebrumm von einem entfernten Klavier. Die beiden Poeten, verzückt mir gegenübersitzend, begannen einen Wettstreit der Madrigale zu meinen Ehren, die sie kritzelnd in den Notizbüchern ihrer jeweiligen Damen festhielten. Meine Ellenbogen suchen derweil den Kontakt mit der Schönen zu meiner Rechten und zu meiner Linken. Mechanische Präzision, die unmittelbar verstanden und beantwortet wird. Bemüht, sein ultraafrikanisches Ambiente zu vervollkommnen, vergnügt sich der Hausherr derweil damit, das elektrische Licht in monotonen Intervallen ein- und auszuschalten, um ein Gewitter zu simulieren. Immer dann, wenn es wieder dunkel wurde, drückte ich meinen Mund abwechselnd auf den der einen oder den der anderen Frau, während diese sich in wachsendem Eifer wanden. Vor mir suchte einer der beiden Ehemänner, peinlicherweise mit dem Bleistift, einen billigen Reim am Bodensatz seines üblichen Alkoholpegels. Der andere hatte das Madrigal bereits beendet. Besorgt ob der sensiblen Harmonie seiner Verse las er es mir vor, schwer atmend und dabei ein Lorgnon auf der Nase balancierend. Eine oberflächliche Leserin wird mir nun, einigermaßen irritiert, zu verstehen geben, dass es sich bei den beiden Damen um zwei Prostituierte gehandelt haben müsse. Darauf kann ich nur antworten, dass es zwischen einer Straßenprostituierten und der anständigsten Frau, also derjenigen, die einem Manne in aufrichtigster Liebe zugetan ist, unzählige Nuancen großzügiger Aufrichtigkeit im Geschäftlichen und mehr oder weniger geschäftlichen Betrug leidenschaftlichen Desinteresses gibt. Diese beiden Frauen waren keine Prostituierten. Mit einer von beiden wurde ich intim bekannt und entdeckte in ihr ein aufregendes Doppelleben: eine frenetisch-bizarre Sinnlichkeit, unstillbare Gier nach Neuem, Leidenschaft für den berühmten Mann, die Bereitschaft, sich an einem Regentage auf einem Diwan dem begehrenden Manne hinzugeben, und zugleich die Fähigkeit, ihr Familienleben zu organisieren und sich mit disziplinierter Regelmäßigkeit um die Erziehung der Kinder zu kümmern. Tatsächlich veränderte sich ihr Wesen vollkommen, sobald sie das Haus verließ. Vor vielen Jahren mochte der Ehemann ihr sogar gefallen haben. Wahrscheinlich hatte er ihr jene Art geistiger Aufmerksamkeit entgegengebracht, die ihre Eigenliebe aufs Schönste befriedigte, indem er ihr im Bett Verse vorgelesen hatte, ungefähr so, wie man einem Panther einen *marron glacé* darreicht. Dabei mag er mit ihr wohl auch über die Unsterblichkeit der Seele diskutiert haben. Auch ein Luxusweib braucht es, von Zeit zu Zeit für einen deutschen Philosophen gehalten zu werden. Meine Freundin hatte sich darauf versteift, eine große, unverstandene und rebellische Seele zu besitzen. An welchen Zuwachs an Freiheit sie dabei dachte, vermag ich allerdings nicht zu sagen. Sie konnte, wann immer sie wollte, den Zug nehmen, um mit mir einen Nachmittag in Paris zu verbringen. Einen ganzen Abend lang weinte sie bei dem Gedanken an eine Freundin aus Kindertagen, die in San Remo an Typhus gestorben war. Auf eine Reise nach Ägypten nahm sie meinen *Mafarka der Futurist* mit, allerdings warf sie ihn, nachdem sie sich die afrikanischen Brutalitäten des ersten Kapitels auf Russisch hatte übersetzen lassen, feierlich angewidert ins Mittelmeer. Sie schrieb mir einen Brief voller Beleidigungen und Verächtlichkeiten, auf dem mein Übersetzer in einer Ecke, fast unsichtbar, diese Worte geschrieben fand: *Ja ljublju vas – ich liebe dich.*

Wohlgemerkt: Ich leite aus alledem keine Gesetzmäßigkeiten ab. Es ist jedoch unbestritten, dass die Essenz der Frau nicht nur durch ihre kindliche Neugierde, die Unfähigkeit zur Aufmerksamkeit, das Grauen vor der Monotonie, die beständige Eitelkeit und die ängstliche Feigheit der Schüchternen geprägt wird, sondern vor allen Dingen von einem unausrottbaren Bedürfnis nach Betrug. Ihre muskuläre Unterlegenheit hat sie in ein halbzahmes Raubtier verwandelt, das zärtlich davon träumt, den geliebten, aber auch gehassten Mann – schließlich ist er der Erbauer des Käfigs Gesellschaft – immerfort zu betrügen. Deshalb die Notwendigkeit des männlichen Verführers, in sich die Kräfte und den Tonfall eines Tierbändigers zu entwickeln. Um Missverständnissen vorzubeugen: Ich erkläre mich einverstanden mit alledem, keine Kritik. Die Frauen sind, was sie nun einmal sind. Das heißt: der bessere Teil der Menschheit, biegsamer, geschmeidiger, geistreicher, empfindsamer, weniger programmatisch, ein Wunder an Improvisation, kurz, der am wenigsten deutsche Teil. Ein verführerischer, kraftvoller, freier, schöner und genialer Mann hat im Vergleich zu einer schönen, Gefühle und Sinnlichkeit improvisierenden Frau stets etwas Berufsmäßiges, Teutonisches. Ich erkenne die moralischen Qualitäten der Frau vollkommen an. Es gibt Frauen, die durch ihren Einfallsreichtum, ihre Aufrichtigkeit, Großzügigkeit, Opferbereitschaft, ihr erlesenes Gefühl und ihren erotischen Schwung nachgerade verblüffen, doch sind alle diese Tugenden zutiefst sexuell geprägt, sprich an das innere Feuer geknüpft, dessen einzige Aufgabe darin besteht, die eigene Art zu erhalten.

Die Frau liebt die Abwechslung und den Krieg als hervorragendste Anregung. Die Frau, die sich keine männliche Abwechslung verschafft, verblüht vor der Zeit, zerstört ihre magnetische sexuelle Kraft und trägt so zum Verfall der Rasse bei. Es ist auf der anderen Seite ebenso wahr, dass die Gesellschaft auf dieser urtümlichen Folie von Kühnheit und Krieg neue Impulse hervorgebracht hat, neue Bedürfnisse, die von Generation zu Generation mächtiger geworden sind, in allererster Linie das Schamgefühl. Für das männliche Begehren, das zu einem großen Teil der natürlichen Entdeckerfreude entspringt, hat eine Frau, die sich leichtfertig auszieht, wenig Verführungskraft. Und ebendies ist der Grund, weshalb sie jedes Mal aufs Neue dazu bereit ist, sich von dem geliebten Manne in Besitz nehmen zu lassen. Es gibt Liebesverhältnisse, die jahrelang glühen, weil Mann und Frau in Übereinstimmung, quasi instinktiv, daran arbeiten, sich Abwechslung und erregenden Krieg zu verschaffen. Alles ist eine Frage des Willens, der wachsamen Intelligenz und der männlichen Kraft. Allerdings sind dies Ausnahmen; wir befinden uns nun auf dem Feld jener geheimnisvollen Beziehungen, die zwischen Gewohnheit und Liebe verlaufen.

Ich spreche nicht vom Zusammenleben, sondern von der Gewohnheit eines beiderseitigen Begehrens, das sich sucht und erkennt. Das Zusammenleben ist immer schädlich, denn es zerstört jenes Bedürfnis nach Gefahr, nach Falle, nach Kampf, nach Unsicherheit, das insbesondere dem Mann entgegenkommt, aber durchaus auch der Frau. Unsere Vorfahren wussten noch nichts von der Unvereinbarkeit von Liebe und Zusammenleben, waren ihnen doch unsere nicht abreißenden, minutiösen ästhetischen Sorgen, die einzig dem verbreiteten Sinn nach Bequemlichkeit und Sauberkeit entspringen, unbekannt. Es ist durchaus schwierig, heutzutage eine Frau zu lieben, mit der man zugleich Tisch und Bett teilen muss. Der Prozess der Zivilisation hat es unmöglich gemacht, dass ein Mann eine instinkhafte, natürliche, schamlose Frau, die sich vielen Männern schenkt, liebt. Ebenso unmöglich ist ihm allerdings auch die Liebe zu einer Frau, die sich jeden Abend nur für ihn allein entkleidet. Daraus folgen das Bedürfnis nach wohldosierter Abwechslung und ein sehr biegsames Schamgefühl in der modernen Frau. An nordischen Stränden baden nackte und halbnackte Männer und Frauen gemeinsam. Ich erinnere mich, dass ich auf einer Reise im Automobil an den Grenzen Ungarns und Transsilvaniens bei heftigem Regenfall das Vergnügen hatte, des Unterleibes und der Schenkel mehrerer Hundert Bäuerinnen ansichtig zu werden, die, auf dem Weg zum Gottesdienst, ihre prunkvollen Röcke in der Taille gerafft und über dem Kopf zusammengefasst hatten, um den Saum nicht mit Kot zu beschmutzen. Während einer Reifenpanne hatte ich Gelegenheit, die langsame, selbstvergessene Toilette eines Mädchens zu beobachten, das sich am Fenster die Haare kämmte, die Brüste frei, nackt bis zum Bauch. Die Scham der Frau ist offenbar nicht immer notwendig, um die Begierde des Mannes zu entfachen. Überall jedoch zerstört das Wissen um die eigene Schönheit das Schamgefühl der Frau. Es gibt Frauen, die sich mit Leichtigkeit entkleiden, die aber niemals auch nur ein halb unanständiges Wort in den Mund nehmen würden. Andere werden schamlos angesichts eines schamhaften Liebhabers …

Im Allgemeinen hasst die Frau die schamlose Sprache des Mannes, wenn diese nicht direkter Ausdruck seines Begehrens ist. *Anzügliche* Männer haben fast immer wenig Glück. Der echte Mann hingegen, der auf elegante Weise sein Begehren kundtut, zerstört automatisch die Schützengräben der Scham und findet sich auf einem vortrefflichen Posten, um den entscheidenden Angriff zu wagen. Allerdings sollte er alles geistige Gerede vermeiden, mit dem Frauen sich gerne umgeben, um sich an der Verzögerung des männlichen Sieges zu weiden und um ihn im undurchdringlichen verbalen Morast untergehen zu sehen: »Reine Liebe, ewige Treue, Seelenverwandtschaft, niemand hat mich je verstanden! … Ich kann niemanden glücklich machen! … Alle Männer sprechen so! … Vor wie vielen Frauen habt Ihr diese Worte bereits wiederholt?«.

Die Frau und die Strategie

Ein hervorragendes Gesprächsthema für den kühnen und zugleich einfühlsamen Mann ist der ungeschminktfreche Lobgesang auf den Körper der Frau und auf dessen Eleganz. Hierauf ist ebenso zu bestehen, wie ein traditionsbewusster Literaturkritiker auf einen Gesang Dantes besteht. Der Frau ist als dem persönlichsten Produkt ihrer Intelligenz zu huldigen, die den Mann beflügelt, sich in die Höhen der begeisterten Verherrlichung ihres Geistes und ihrer profunden Intelligenz aufzuschwingen, zumal wenn es sich um eine vollkommene Gans handelt. Er ergehe sich also in all jenen wunderbaren Dingen, die sie hätte vollbringen können, wäre sie nur vom Schicksal begünstigt gewesen, und er stelle das Schicksal als den grausamen Feind alles Schönen und Genialen dar, so lange, bis die Frau tatsächlich dem Glauben verfällt, zum ersten Male in ihrem Leben eine noble und großzügige Tat zu vollbringen. All dies bedarf der Wärme, Wärme, Wärme, Wärme. All dies bedarf eines beständigen Variierens der Gesten und der Stimme. Von Zeit zu Zeit empfiehlt sich ein leichter Anflug von Traurigkeit in den Augenwinkeln, der jedoch umgehend in ein dankbar glückliches Lächeln zu transponieren ist. Anspielungen, wenn auch nicht zu viele, auf eine unglückliche, doch niemals betrogene Liebe zu einer Frau, die das Schicksal fortgerissen hat. Man hüte sich davor, Mitleid zu erregen und wecke zugleich in der Frau das eitle Begehren danach, einen starken und zugleich sensiblen Mann leiden zu machen und ihn zu beherrschen.

Wenn das Licht günstig und der Diwan, auf dem die Frau sich niedergelassen hat, für einen wohlüberlegten Annäherungsversuch geeignet ist, bewege man sich langsam in ihre Richtung, auf dass sie beginnen möge, sich intensiv für den Angriff zu interessieren. Dieses graduelle Bedrängen – langsam, aber stetig – wird seine Wirkung auf die erogenen Zonen der Frau nicht verfehlen. Ohne lange hin und her zu überlegen, beschwöre man sodann aus der Erinnerung ein Abenteuer herauf, während die Hände ganz bewusst in Aktion treten. Es werden leichte, zerstreute, scheinbar vom Körper abgetrennte Hände sein, die sich am Faltenwurf der Stoffe und an der Weichheit des Samtes ergötzen und sich auf diese Weise ganz langsam zu den Hüften der Frau vorarbeiten. Nun ist der entscheidende Augenblick höchster Alarmbereitschaft gekommen. Solltet Ihr die Frau durch das Ungestüm Eures Begehrens verstört haben, so rate ich Euch zu einem schnellen leichten Gleiten über die Rundungen ihrer Brüste. Sind das Kleid oder der Morgenrock dazu geeignet, empfiehlt es sich, die Gelegenheit beim Schopfe zu ergreifen und wie nebenbei eine Hand in den Ausschnitt zu schieben, um sie sogleich in einer Art religiösem Schauer zu berühren, ohne sie indes dabei anzublicken, damit sie vor sich selbst weiter so tun kann, als habe sie nichts gehört und nichts gesehen. Schmachtend nähere sich nun Euer Mund ihrem Halse, Euer Begehren durch leicht keuchende Atemzüge untermauernd. Sprecht in ihr Haar hinein, in lyrischen Tönen, in großen Wellen unerwarteter Bilder mit erotischem Unterfutter, erfüllt von einer großzügigen inneren Ruhe. Verherrlicht Eure kleinen Meriten, während Ihr dabei unablässig wiederholt, dass sie allein, sie allein, Eurer ganzen Liebe würdig sei. Eure Stimme sei bewegt, die Tonart Moll. Während Ihr unablässig von hinten gegen ihren Hals sprecht, richtet es also so ein, dass ihr Blick in der schönen Haltung einer Grabskulptur ins Leere schweifen kann. Wenn die Frau sich jetzt nicht gegen Eure Annäherungsversuche verwahrt, küsst sie auf den Hals, vorsichtig, in der Nähe des Ohrs, oder, besser noch, ins Ohr. Sollte sie zufällig doch protestieren, solltet Ihr der Unterhaltung unverzüglich eine Wendung verleihen, die sie ablenkt und die Beleidigung vergessen macht. Sodann könnt Ihr erneut den Versuch unternehmen, ihre Brüste zu streicheln. Aller Wahrscheinlichkeit nach wird sich deren Unruhe und Erwartung in der Zwischenzeit noch gesteigert haben. Die Geschicklichkeit Eurer Hände vorausgesetzt, wird die Frau sich nun nicht mehr zur Wehr setzen können. Lasst sie nur murmeln: »Alle gleich, ihr Männer! … Wollt immer nur das eine, den Leib, nichts als den Leib! …« Mit einer Hand fahrt nun fort, die Frau in die Besinnungslosigkeit zu treiben und den Genuss zu vervollkommnen, mit der anderen, greift nach ihrer Hand. Es kann geschehen, dass die Frau sich entzieht und in trockenem, scherzhaftem Tone etwa hervorstößt: »Hände weg, mein Herr!« Dann gilt es, die Taktik zu verändern und auf ihren Gegenangriff zu antworten. Das heißt, mit zugleich zarten und starken Händen sehr energisch ihren Kopf nach hinten zu biegen und ihrem Mund einen gebieterisch langen und tiefen Kuss aufzuzwingen, der ihr den Atem verschlägt. Ist der Diwan geeignet, ist die Frau nun die Eure. Jener letzte strategische Schachzug ist mir an die zehn Mal mit den unterschiedlichsten Frauen geglückt. Allerdings will ich nicht verhehlen, dass man unter bestimmten Unständen durchaus Zurückweisung erfahren kann. Um siegreich aus diesem Kampfe hervorzugehen, muss man über gewisse Kräfte verfügen. So etwa einen schönen anziehenden Mund, wandelbare, ausdrucksstarke Augen, eine einschmeichelnde Stimme, einen schlanken Körper, nicht zu ausgeprägte Muskeln, eine gewisse Eleganz und Gebärden, die den Körper der Frau gleichsam in die Luft zeichnen und ihn vor der eigentlichen Liebkosung bereits liebkosend umfangen.

Berühmtheit kann viele dieser Qualitäten ersetzen. Ein kahler Kopf ist ein unerheblicher Mangel, wenn auf der Stirn der Genius blitzt. Ein Bauch ist ein unüberwindliches Hindernis bei Frontalangriffen.

Eine Schlappe erleidet manch einer in solchen Schlachten aus purer Ortsunkenntnis: So etwa sollte man niemals in den Morgenstunden zum Angriff übergehen oder in einem zu hell erleuchteten Zimmer. Einfarbige Sessel und Diwane sind eindeutig das falsche Mobiliar. Vollkommen ungeeignet ist der Renaissance-Stil. Nur mittelmäßig geeignet der Empire-Stil. Äußerst günstig dagegen ist der orientalische Stil: Perserteppiche, niedrige arabische Diwane mit unordentlich angehäuften bunten Kissen, verschiedenfarbig getönte Lampen, die mattes Licht spenden. Der unabweisliche Nachteil eines derartigen Interieurs besteht hingegen darin, dass es keine geschlossenen Türen gibt, und die durchgängigen Teppiche die Neugierde der Dienstboten beflügeln, sodass man stets befürchten muss, überrascht und unterbrochen zu werden. Daraus folgt das Gebot, entweder das Dienstmädchen zu bestechen oder aber in der Frau die Liebe zur Gefahr anzustacheln. Wenn beides nicht gelingt, so gebrauche man eine List und überzeuge die Frau davon, die Dienstboten aus dem Haus zu entfernen.

Bei alledem gilt, dass die Frau nach Möglichkeit nichts von unseren schlauen Vorkehrungen merken soll, auch wenn es durchaus vorkommt, dass sie sich plötzlich der Vollkommenheit Eurer Strategie bewusst wird, sich verliert, verzagt und Euren Sieg als köstliche Fatalität anerkennt, was alle Skrupel jäh verfliegen lässt.

Vor einigen Jahren machte ich einer schönen und eleganten polnischen Dame den Hof, die man fast niemals allein zu Hause antraf. Ich unternahm zwei sehr bewusste Angriffe im Abstand von ungefähr zwei Monaten. Beide Male war ich dem Siege nahe, ich erreichte fast alles, als nach einem lange vorbereiteten und blitzschnellen Kuss die Schöne doch noch die Kraft aufbrachte, sich mir zu entziehen, sich aufzurichten und den elektrischen Knopf zu drücken, worauf unverzüglich das Dienstmädchen auftauchte, mit einem ironischen Lächeln auf den Lippen und den bebenden Nüstern eines schönen Mädchens aus dem Volke. »Maria! … bring unverzüglich den Tee! …« Ich trinke, erkläre feierlich die Romane Romain Rollands zu Idiotien, süßsäuerlich plänkelt unsere Konversation dahin, bis ich mich schließlich erhebe, um zu gehen.

Zwei Monate später erfahre ich zufällig, dass meine schöne Freundin den ganzen Nachmittag allein zu Hause verbringen wird. Ich warte im Hinterhalt, von einer Kutsche verborgen, vor dem Eingangsportal. Ich fange das Dienstmädchen ab, das gerade heimkehrt, bespreche mich mit ihr, bezahle sie und lasse mich melden. Nach einem gewaltigen Bombardement feuriger Sätze verwandeln sich meine Hände in ungeduldige Infanteristen. Dieses Mal jedoch vollzieht sich der Angriff einige Meter weit von dem elektrischen Knopf entfernt. Angesichts der Bedrohung durch einen nunmehr unvermeidlichen Kuss wenden sich ihre unter mir lächelndschmachtenden Blicke geistreich der befreienden Klingel zu. »Ihr seid von göttlicher Feigheit!«, murmle ich und küsse sie. Ein Sprung, sie entzieht sich mir und schickt sich an, zu läuten. Ich, reglos, verzagter Blick, nur eine Spur Ironie im Augenwinkel.

— Driiiing – Das Dienstmädchen kommt nicht. – Driiiing – Grenzenloses Erstaunen der Schönen. – Sie wird ausgegangen sein! Um Besorgungen zu machen. – Das ist nicht möglich! … – Ich werde gehen und nachschauen. – Ich komme mit. – Nein, bleiben Sie hier. – Sie verlässt das Zimmer. Ich folge ihr. – Sie wird in der

Küche sein! – Unmöglich, sie ist nicht taub! – Im Schlafzimmer! – Kommen Sie nicht herein! Ja! Nein! Warum? Nein! Du gefällst mir! ... Ich hab' dich lieb ... Denk an nichts! ... Zauberhaft, göttlich dein Mund! ... – Nein! Nein – weshalb? Es ist Wahnsinn! Ich will nicht – Meine süße süße süße Liebe! ... – (Flöten, Trompeten, Gurgeln des glücklichen Blutes, die Nerven und Muskeln freudig wie Offiziere in ihrem Kasino, im sicheren Haus, der Festung, wenn die Wachen im Mondschein ihren Dienst versehen ...) – Du Böser, du hast alles vorbereitet! Ich werde Maria unverzüglich entlassen! – Doch siehe, stand da nicht in den Augen der schönen Polin leuchtende Bewunderung für mein strategisches Genie?

Die Frau und der Krieg

Die Erde, das Meer, der Himmel und die Frau bedürfen zu ihrer natürlichen Vervollständigung des Krieges. Ich spreche von der allgemeinen Mobilmachung, denn alle vorherigen Kriege sind nichts als Entwürfe gewesen, deren blutige Sonnenuntergänge Symbole und Vorhersagen gegenwärtiger Schlachten waren. Was mag mein Blick, der Blick eines zwölfjährigen Knaben, am Horizont des Meeres gesucht haben, als ich meine Mutter in der Dämmerung auf ihren Spaziergängen am Strand von Alexandria in Ägypten begleitete? Wonach hielt er Ausschau, wenn nicht nach einem Bombengeschwader? Viele Jahre später erzitterte die Mole *Giano* unter meinen Füßen ob eines beständigen purpurfarbenen Aufflackerns, das die wie Pulverfässer explodierenden Wolken jeden Abend zum Zenit schleuderten. Die Flöten und Geigen des Windes vermochten die Wälder nicht zu trösten, die ungeduldig das raue Striegeln des Artilleriefeuers erwarteten. Der ruhige Hohlspiegel der Sternennächte war für mich nur selten mit mystischer Folter verbunden, hingegen empfand ich fast immer Grauen und Abscheu, wenn ich an die Leere und Stille dachte, die man früher oder später unter allen Umständen würde füllen müssen. Ja, umbringen würde man sie müssen mit einem gewaltigen Getöse. Die Orkane, Gewitter, Erdrutsche und Wirbelstürme waren nichts anderes als die Vorboten der Gewalt des Kriegsausbruches, der explodierend in die Welt hinaustreten wollte. Der Donner war die Generalprobe, die grollende Begierde und zugleich der Prüfstein für zukünftiges Geschehen.

Die Sternbilder waren nichts anderes als Entwürfe zu nächtlichen Bombardements. Ausgekleidet von dichten

Geschützbahnen, vom Zischen und Dröhnen der Kanonen, haben die angriffslustigen Zacken der Höhenzüge heute endlich ihre wahre Bestimmung gefunden.

Die Flüsse, diese natürlichen Schützengräben, sind endlich in ihre eigene Logik geflossen: Sie halten nämlich den Vormarsch des Feindes auf, und sie leeren die Schlachtfelder von den Leichen, die sie mit sich ins Meer führen. Jene Wiese, die grün und stumm zwischen vier Wänden aus Weiden und Buchen lag (auf der ich vor zwei Jahren erfolgreich auf den Mund einer Amerikanerin wartete, einer geschmackvollen und wissenden *flirteuse* ohne nostalgisch verklärte Vergangenheit), verschloss in sich aufs Schönste unsere Zärtlichkeiten und Küsse, blieb selbst jedoch seltsam unbefriedigt und unvollständig … Miss Macry ließ es selbstvergessen zu, dass man ihr die Bluse öffnete, beglückt lachte sie über das Lob ihrer schönen Schultern und ihrer winzigen Brüste, welches das weiße Blitzen der Zähne und leichten Stoffe erzitternd verlängerte. Inmitten hellblauer Ängste, die sich in der Dämmerung um uns herum verdichteten, erspürte ich in ihren hinreißenden Armen die Fröhlichkeit und den Krampf des halbnackten Körpers, doch meine Blicke erkannten sie nicht. Starr auf lila Baumkronen gerichtet, suchten meine Augen die kleine schwarze Geometrie eines Maschinengewehres mit seinen weiß-eisernen, vom Schnellfeuer parfümierten wahnsinnigen Orchideen. Über all dies sprach ich zu der schönen Amerikanerin, die mir darauf zur Antwort gab: »Une mitrailleuse? Pourquoi faire? Pour me tuer?« – »Nein!«, gab ich zurück, »um die Schönheit der Wiese zu vollenden und um den Geschmack deines Mundes zu intensivieren! …«

— Je ne comprends pas.

— Du verstehst nicht genau, was ich meine, eben weil es hier kein Maschinengewehr gibt. Du bist wie Luigi, der auf dem grünen Vlies eines Spieltisches ohne Spieler und ohne Croupier vergessen wurde! Deine strahlenden Augen und deine Perlen sind harmlose Explosionen von Licht! Der Krieg, der Krieg! Du musst deine Schönheit mit Krieg schmücken! Dieses mit Sternen übersäte Himmelsgewölbe symbolisiert Millionen von explodierenden Granaten!

— Je ne comprends pas.

— Du verstehst mich nicht, weil du unvollständig bist, wie die gesamte Natur in ihrem ewigen Hunger nach Krieg. Die alte Poesie war nichts anderes als der lange verzweifelte krampfhafte Hunger nach Eisen und Feuer, nach den Torturen der Erde. Die kraftlosen Flüsse flehten bei den Schiffsbrücken um Explosionen, darum, unter dem unablässigen Knattern der Maschinengewehrsalven an die zwanzig Mal niedergerissen, zerstört und wiederaufgebaut zu werden. Die Zeit des totalen Krieges ist gekommen, der mit drei gekenterten, aufgeschlitzten und leckenden Panzerkreuzern jenen Entwurf vollenden möge, der vor zwanzig Jahrhunderten begann und sich seither Tag für Tag mit drei blutigen Wolken über einem schwarzen Vorgebirge fortsetzt, das den weißen Himmel zerschneidet ... Für einen Mann zwischen 35 und 50 Jahren ist der Krieg eine zweite Jugend. Die Militarisierung der Muskeln und der vom Leben abgenutzten Nerven. Die Uniform nimmt die körperliche Feigheit in Arrest. All dies ist wahr, doch merke ich, wie ich, ohne es zu wollen, in einen professoralen Tonfall verfalle. Ich will nicht übertreiben. Mein Freund Corra, dem ich diktiere, befindet sich in stillschweigendem Uneinvernehmen mit mir. Also verabschiede ich mich, verlasse das Haus, um bei dem rosafarbenen Fleisch einer holländischen Freundin Rat einzuholen. Sie ist sinnlich, stets bereit, sich unter raffinierten Liebkosungen zu verflüssigen, sehr intelligent und überdies verkehrt sie in den besten Kreisen von London und Berlin; sie ist dreißig Jahre alt und besitzt göttliche, allerdings eine Spur zu künstliche Hände.

Nachdem ich sie in einem gewöhnlichen Hotelzimmer zum Klang meiner bombardierenden Sporen genommen, geküsst und umgedreht hatte, ohne sie auszuziehen, stelle ich ihr die Frage.

— Ich habe dich genommen, dich rasch an mich gepresst, so wie ein Kellner eine Zitrone über den zahlreichen Vermouths auspresst, die schon fertig an der überfüllten Bar bereitstehen. Sei nicht beleidigt. Ich bin diese überfüllte Bar mit vielen Begierden-Problemen, die du sehr leicht wirst lösen können. Antworte mir! Weshalb also liebst du mich? …

— Weil ich mich seit dem Tage, an dem ich dich kennenlernte, in Italien zu Hause fühle. Ich fühle mich eins mit meinem Schicksal. Früher einmal, so glaube ich, schenkte eine Frau ihre Zuneigung einem bestimmten Manne, heute hingegen bringt sie sie der Idee des Mannes an sich dar. Es ist nur zu natürlich, dass ich meinen Mann betrüge, um meinen Ideen treu zu bleiben, denn es sind genau die Ideen, die du verkörperst. Du verkörperst meine Ideen, meine Intelligenz, meine Daseinsberechtigung! … Ich liebe dich, weil du Italiener bist!

— Was unterscheidet deiner Meinung nach im Allgemeinen einen Italiener von einem Nordländer?

— Der südliche Mann …

— Lassen wir den südlichen Mann einmal beiseite. Ich bin kein Südländer. Ich bin Italiener, und das bedeutet einen großen Unterschied in Hinblick etwa auf einen Spanier oder Franzosen.

— Der erste Eindruck, den eine Nordländerin von einem Italiener erhält, ist der, dass es unmöglich ist, ihn an der Nase herumzuführen und ihn zu unterdrücken. Ich spüre, dass er stets bereit ist, Witterung aufzunehmen und den Betrug aufzudecken.

— Gut. In der Tat erhielt Conrad denselben Eindruck in Cadorna.

— Der Italiener lebt überdies ganz und gar in der konkreten Wirklichkeit. Nördliche Männer sind mehr oder minder alle Träumer, die ihre Schwachstellen bereitwillig den Fallen ausliefern, welche die Lügen der Frauen aufgestellt haben.

— Schlechteste Voraussetzungen, alles in allem!

— Stelle dir nun die folgende Konstellation vor: Eine Freundin von mir, gebürtig aus Kopenhagen, verliebt sich in einen jungen Berliner Offizier. Sie ist eine Verrückte, hat alle Torheiten der Welt bereits begangen. Am Tage ihres ersten Stelldicheins verkündet der Berliner feierlich, er habe ein Liebesnest auf die Dauer von fünf Jahren angemietet!!!! … Ihr hingegen denkt niemals an das Morgen, lebt allein für den Augenblick. Ihr seid der geborene Improvisationskünstler!

— Willst du mir die erotische Improvisation von vorhin etwa zum Vorwurf machen? Haben die Geräusche meiner Sporen womöglich deinen Genuss geschmälert?

— Im Gegenteil, es war überaus originell. Du gefällst mir so, wie du bist, immer voller Kriegslust … Du hast den *Kriegsbuckel*?

— Eine Frau ohne Krieg ist wie ein nichtgeladener Revolver. Es ist der Krieg, der dem Körper der Frau nicht anders als den Bergen, Flüssen und Wäldern erst seinen wahren Geschmack verleiht. So vermochte ich das Gebirge von Trient erst in jenem Augenblick zu lieben, als es in der Lockenpracht des Granatfeuers endlich seine innerste Seele wiedergefunden hatte, nämlich die Seele der Artillerie. Die Täler haben keinen anderen Zweck, als dem Himmel das Kanonenfeuer zu melden. Eine schöne Frau kann keinen anderen Geliebten haben als einen bewaffneten Soldaten, der soeben von der Front heimgekehrt ist und schon bald wieder dahin aufbrechen wird. Gamaschen, Sporen und Schulterriemen sind für die Liebe unersetzlich. Jackett, Frack, Smoking und Gehrock sind einzig für Stühle und Sessel gemacht, man muss unwillkürlich an eine Bibliothek denken, an das Entjungfern noch nicht aufgeschnittener Bücher, grünliches Licht, den stinkenden Atem der Moralisten, der Professoren, der Kritiker, der Philosophen und Pedanten. Und dies sind in der Tat jene Ehemänner, die ich systematisch kröne: allesamt Feinde der göttlichen Geschwindigkeit.

Übrigens, was denkst du über die Geschwindigkeit in der Liebe?

— Du betrachtest die Frauen wie Bahnhöfe.

— Bisweilen sind sie nur Tunnel! ... Es ist eine Frage der Gewohnheit. Man muss die Jahre zu einzelnen Tagen und Augenblicken verdichten und eine Frau dann rasch genießen. Ich bin der festen Überzeugung, dass unsere neue futuristische Religion der Geschwindigkeit, gemeinsam mit dem Krieg, den Menschen radikal verwandeln wird. Es begann mit dem Wiedererwachen der Farben auf den Wiesen und Abhängen der Berge, mit den bunten Plakaten der neuen Industrien. Die Berge wurden spiralförmig ausgehöhlt. Heute werden sie durch mächtige Minen enthauptet. Man begradigt die Flussläufe. Man zerstört die romantische Vorliebe für die Einsamkeit durch den Bau von Straßen. Die Schlangenlinien der langen geduldigen Maultierpfade werden von den geraden Landebahnen der Flugzeuge zunichtegemacht. Von oben aus betrachtet eröffnet sich dem Blick ein riesiger kochender Horizont stachliger, von Explosionen zersägter Flüsse.

Und genau aus diesem Grunde muss man auch die Liebe komprimieren und beschleunigen! ...

— Komprimiere mich nur und liebe mich kriegerisch. Es gefällt mir.

— Glaubst du, dass eine Frau einem schnellen synthetischen Liebhaber eher treu bleibt?

— Hinfort mit der Treue! Die Treue ist notwendigerweise analytisch, sehnsüchtig, kulturell, deutsch. Ich werde dir eine Brieftasche mit drei gestickten Symbolen schenken. Einem Kolben, einem Rad, einer Kanone …

Handbuch des perfekten Verführers

An die Front durfte ich aufgrund meines Vorstrafenregisters, dessen Schandfleck mein zunächst beschlagnahmter und sodann verbotener Roman *Mafaka der Futurist* war, nicht zurückkehren, und die Mailänder Polizei, die sich an meine Box-Einlagen erinnerte, erklärte mich kurzerhand zu einem Schläger. Also beschloss ich, bei einer Badekur in Viareggio auf eine Amnestie und auf meine Ernennung zum Unteroffizier zu warten.

Salz, Sonne, Jod, Brom. Und über allem die weite und vibrierende Begierde nach Torpedierung und fulminanten erotischen Zusammenstößen. Die Vorstellung der Ehe verflüchtigte sich am Horizont wie ein altes, viel zu langsames Segelboot. Jeden Morgen lud ich eines der zahlreich anwesenden jungen Mädchen zum Rollschuhlaufen ein. Sobald wir außer Blickweite waren, konnte ich auf die Mitarbeit der Sonne zählen, zwei Leiber, glücklich, halbnackt zu sein, zwei schöne Brüste, aufmerksam wie Schüler vor ihrem Lehrer, der ein Problem erklärt, Zerbrechlichkeit der Knöpfe, sich verirrende Hände, ein Kuss, zwei, drei, fünf, saftig, als genieße man eine Meeresfrucht. Die Nüstern gespannt, das Mittelmeer klein, angenehm warm, duftend und gemütlich wie eine Badewanne, Sprünge, Scherze, Lachen, Spritzen, *flic-flac* und Abkühlung. Alles vollzog sich vollkommen natürlich, alles wohlgemerkt, was nicht unbedingt eines Bettes bedarf. Wenn ich nackt bin, werde ich zum Philosophen. So stellte ich experimentierenderweise ein nachsichtiges Kompendium moralischer Maximen zusammen, frei von jeder Schärfe und höchst lehrreich.

1. Die Frau verliebt sich in den starken und mutigen Kriegsfreiwilligen, doch sie betrügt ihn mit dem ersten besten grünen Jungen, mit Wehruntauglichen und Alten, wenn diese nur den rechten Augenblick zu wählen wissen.
2. Jeder Augenblick ist recht, denn der Verlobte oder Ehemann ist aufgrund seines Militärdienstes in weiter Ferne.
3. Der Regen, der an der Front den Angriff behindert, begünstigt jedoch am Strand unweigerlich das Eindringen des ersten Besten in das weibliche Nervensystem.
4. Alle Ehebrecherinnen lügen, wenn sie ihrem Geliebten erklären, dass sie sich nie oder fast nie ihrem Manne hingeben. Der Krieg belegt, dass die Frau des täglichen Geschlechtsverkehres bedürftig ist.
5. Wenn die Frau in ihrem Innersten feige ist, so betrügt sie den Geliebten oder den Ehemann, der im Felde steht, um damit ihre Sympathie für denjenigen zu bezeugen, der sich neutral verhält, und zugleich, um sich für seine Unterlegenheit als Neutraler zu rächen.
6. Die Frau wird stets einen lebenden Esel dem toten Pferd vorziehen.
7. Wenn die Frau in ihrem Innersten mutig und kämpferisch ist, betrügt sie, um ihre Wut zu bezähmen, nicht im Felde zu stehen; deshalb erlaubt sie sich das kindliche Spiel des durchbrochenen Schützengrabens.
8. Durch den Krieg entwickelt die Frau eine literarische und rhetorische Dimension. Fast jede Frau schreibt drei gleichermaßen flammende Liebesbriefe an drei unterschiedliche Männer, der eine ein Kämpfer, die anderen beiden Drückeberger oder Wehruntaugliche.

9. Der Kämpfer sollte jedem Liebesbrief eine Flasche Wein vorziehen.
10. In Kriegszeiten zieht die Frau den Fünfzigjährigen dem Zwanzigjährigen vor, denn dieser hat den roten, rauen und entschiedenen Zärtlichkeiten des Todes ihre eigenen vorgezogen, während jener dazu ausersehen ist, sich zu seinem höheren Ruhme ganz bewusst aufweichen, zerstören und entleeren zu lassen.
11. Der Krieg, der im Menschen ein Gefühl der Vorläufigkeit, der Instabilität und Vergänglichkeit hervorruft, macht in der Frau Scham und Versprechungen zunichte und lädt sie zur stetigen Erneuerung des Herzens und der Sinne ein.
12. Im Krieg, dessen Zweck die Eroberung neuer Territorien ist, wird das Geschlecht der Frau imperialistisch, expansionistisch und kolonialistisch. Schade bloß, dass sie – aufgrund eines eklatanten Mangels an erstrebenswerten Territorien – Wüsten, Sümpfe, Krankenhäuser, Friedhöfe, Mumien und Leichen erobert, alte Münzen – und so zum Münzsammler wird.
13. Jeder Kämpfer muss, um den unvermeidlichen Betrug auszugleichen, sich mindestens sechs Brieffreundschaften ausdenken, um auf diese Weise vorzubereitet zu sein auf seine Rückkehr nach dem Sieg.
14. Ein Fräulein, das auf sich hält, sollte in Kriegszeiten mindestens drei Verlobte haben.
15. Mathematisch betrachtet hasst und verachtet jeder betrogene Ehemann, der an die Tugend seiner Frau glaubt, instinktiv denjenigen, welcher der Liebhaber seiner Frau *war*, achtet hingegen jenen, der es *ist*, und bewundert den, der einmal ihr Liebhaber sein *wird*.

16. In Anbetracht all dieser statistisch erwiesenen Wahrheiten sei es der Frau auf immer verboten, von innerem Leben zu sprechen, von absoluter Treue, Seelenverwandtschaft, ewiger Liebe ohne körperliche Berührung, erreichten Idealen … etc.
17. Die nackte Frau ist aufrichtig. Die bekleidete Frau ist immer ein wenig falsch. Das Fleisch der Frau ist immer gut. Der Geist der Frau tendiert zu Bösartigkeit und Perfidie.
18. Jeder Verführer sollte sich mit der größten Geschwindigkeit an- und ausziehen. Kein Verführer darf sich je im Unterhemd zeigen.
19. Ein kahlköpfiger Verführer sollte sich vor den Strümpfen zunächst den Kragen anlegen.
20. Um die Unterhaltung einer schönen Frau recht zu begreifen, muss man ihr mit der Nase zuhören.
21. Um sich in ihre Seele zu versenken, muss man mit dem Ohr nach den phonetischen Arabesken ihrer Stimme schauen.
22. Das Gehirn ist ein dem Fahrgestell der Frau nur zusätzlich beigestellter Motor; ihr natürlicher Motor ist der Uterus. Das Gehirn strengt die Frau, die es trägt, nur an, es zerbricht und deformiert sie.

An dieser Stelle reißt sich mein Freund Bruno Corra ein goldenes Haarbüschel aus seinem Schopf und schreit: Aber mein Gott, es gibt doch Ausnahmen! Schluss mit Deiner Manie zu verallgemeinern!

Worauf ich ihm antworte, dass es vielleicht nichts Außergewöhnlicheres gibt als meinen unwiderstehlichen, einzigartigen Futuristencharme.

Die Frau und die gefährliche Geschwindigkeit

Die Geschwindigkeit verwirrt und erhöht gewissermaßen alle Lebewesen, sie stachelt ihren Pioniergeist und ihre Abenteuerlust an und setzt dabei eine maßlose Eitelkeit frei. Laufen bedeutet denjenigen verachten, der gemessenen Ganges dahinschreitet. Nur derjenige, der in einem schnellen Automobil liegt, darf sich dazu beglückwünschen, all jene zu beherrschen und zu überholen, die dazu verdammt sind, schon bald von der Müdigkeit der Beine und von der Zeit, die man zu Fuß benötigt, um einige wenige Kilometer zurückzulegen, besiegt zu werden. Zwangsläufig ist für die Frau, aufgrund ihrer jahrhundertealten Hausfrauengewohnheiten, das Tempo der Automobile ein gewaltiges Aphrodisiakum. In der Geschlossenheit des Innenraums, wo sie dem Druck eines männlichen Körpers ausgesetzt ist, fühlt sie sich wie in einem verrückt gewordenen Bett unwiderstehlich immer tiefer in den Wirbel des Horizonts gleiten. Der Wind, der in ihren Ohren pfeift wie in zwei Meeresmuscheln, prägt ihrem benommenen Hirn den Rhythmus der Unendlichkeit selbst ein, der Kontinuität und der Ewigkeit. Der Wind multipliziert seine Fangarme, um sie zu betasten, sie zu behauen, an ihr zu feilen, sie auszuziehen und sie am Ende vollkommen in Besitz zu nehmen. Jedes Kleid verwandelt sich in einen Badeanzug. Es ist die Kraft der Beunruhigung, welche die Kleider belebt und den Tastsinn verwirrt. Und siehe, die umherirrenden Hände der Frau verschlingen sich, ohne sich dessen recht bewusst zu werden, in die Hände des ersten Besten zu ihrer Linken und zu ihrer Rechten. Die verzweifelte Tiefe des Sternenhimmels, das monotone Rumoren der unterschiedlichen Geschwindigkeiten, der gleichmäßige Schwung der Wälder, die sich mit souveräner Gleichgültigkeit unablässig gegen das Automobil werfen; der lange Lichtkegel, mit dem die Scheinwerfer tief in die Nacht hineinstechen, die Karren, die wie Häuser erscheinen, die Heuschober, die wie Kirchen wirken, diese ganze Welt der Illusionen, getränkt von Absolutem, Unnützem und Monotonem, suggeriert den weiblichen Sinnen unmissverständlich, die kleinen Wirklichkeiten der Haut aufs Innigste zu genießen.

Ein echter Verführer, der über ein erstklassiges Automobil verfügt, darf es getrost darauf anlegen, alle Frauen des Universums zu erobern.

Einen höchst erfolgreichen Helfer habe ich selbst seit vielen Jahren in der Eisenbahn. Da ich drei Viertel meines Lebens im Zug verbringe, bin ich dazu gezwungen, dort zu denken, zu schreiben, zu lieben. Die metallenen Geräusche eines Eisenbahnwaggons auf einer Strecke ohne allzu viele Haltestellen lassen den Willen der Frau schmelzen wie Eis in der Sonne und brechen ihre Scham – natürlich ist es stets auch eine Frage des Glücks und der rechten Gelegenheit. Eines Abends lag ich im Halbschlaf in einem Abteil erster Klasse am *Gare de Lyon* in Paris, als ich auf dem Gang die vertraute Stimme eines Mannes mit der anmutigen Stimme einer Frau sich vermengen hörte. Es handelte sich um die Stimme eines Journalisten, den ich irgendwann einmal flüchtig kennengelernt hatte, ohne mich noch an das Wo oder Wie zu erinnern.

— Was für ein Zufall! Auch Sie im Begriff abzureisen?

— Nein. Nur meine Freundin.

Vorstellung. Der Freund steigt aus. Wir bleiben allein.

Der Zug fährt ab. Sie schaut mich an. Ich schaue sie an. Wir plaudern über Bologna. Welch eine schöne Stadt! Sie sind Bologneserin! ... Hoffentlich kommt jetzt niemand herein ... Die Geschwindigkeit erhöht sich. Der

Zug scheint alle Rekorde brechen zu wollen. Der erste Bahnhof ist meilenweit entfernt. Unmäßiges Rasseln. Alle Scheiben lachen. Der Schaffner tritt ein. Mit halblauter Stimme:

— Monsieur veut rester seul, sans doute?! …

Ein Trinkgeld. Wir bleiben allein und legen uns nieder. Ich klaube aus meiner Erinnerung zwei poetische, wenig originelle Sätze hervor wie ein Fischhändler zwei halbtote Aale aus einem Korb.

— Ganz entzückend Ihre Toilette. Schade nur, dass sie nun ganz zerdrückt werden wird. Sie steht Ihnen ausgezeichnet. Pariser Modell? Natürlich, die Bologneserinnen verstehen es vorzüglich, sich zu kleiden. Möchten Sie, dass ich das Licht lösche?

— Ja.

Ich gehorche. Blitzschnell, des Ausgangs meiner Bemühungen gewiss, beuge ich mich über sie, schließe sie in meine Arme und bemächtige mich ohne Wenn und Aber ihres Mundes. Die Zärtlichkeiten breiten sich in weiten Wellen aus. Aller Widerstand bricht. Das Stoßen des Zuges beschleunigt die Vereinigung unserer Körper und zwingt uns beständig, das Gleichgewicht zu halten, wobei ich mich ein ums andere Mal versichere, dass die Tür des Abteils fest geschlossen ist. Hinab, hinab im ungestümen Rhythmus der Lokomotive; unser spasmodischer und brutaler Genuss rollt bald hier und bald dorthin, Schlangenlinien und Spiralen, immer tiefer hinab in die französische Nacht und deren Hunger auf schnelle Züge … Gewitzter Schaffner + Direktzug + Augustnacht + Abwesenheit anderer Reisender im Abteil × Verführer = wunderschöne Bologneserin verspeist und bis auf den Grund geleert. Dennoch sollte man sich unbedingt für den Fall wappnen, dass ein Angriff einmal nicht glückt. Der Zug und die Geschwindigkeit steigern das Bizarre, die Launen und die Perfidie der Frauen.

Eines Abends, als ich gerade im Begriff bin, von Rom nach Mailand zu fahren, setze ich mich in einem Abteil einer wunderschönen Dame gegenüber. Wir sitzen in der Ecke. Nach kürzester Zeit lässt sie ihr Ehemann den Platz wechseln und setzt sich mir gegenüber. Um nicht womöglich in Blickkontakt mit ihm treten zu müssen, vertiefe ich mich in die Zeitung, dann lehne ich mich mit absolut gleichgültiger Miene zurück und fahre fort, die Frau zu betrachten. Der Ehemann schläft ein. Ich schütze Müdigkeit vor. Dunkel. Berühren der Füße. Leichtes Streifen der Hände. Die meinen tasten sich immer weiter vor. Entscheidender Angriff durch eine Zärtlichkeit. Zurückweisung. Sie tut, als schlafe sie. Ich lasse mich nicht beirren. Langsam geht es weiter. Sie hat keineswegs einen leichten Schlaf. Sie langweilt sich. Sie ist im höchsten Grade verwirrt. Ich öffne ihr die Bluse. Alles läuft bestens, gleitet hinüber, wird präziser, vervollständigt sich gewissermaßen. Urplötzlich die Überraschung. Die Dame richtet sich auf und schaltet das Licht an. Geistesgegenwärtig nehme ich die Zeitung wieder zur Hand, wachsam, mit gleichgültiger Miene.

— Paolo, – wendet sich die Dame nun mit harter Stimme an ihren Mann. – Folge mir bitte auf den Gang!

Langsam und schwerfällig wacht der Ehemann auf, und die beiden verlassen das Abteil. Lange geheimnisvolle Unterredung. Ich begreife im Nu und bereite meine Verteidigung vor. Nach fünf Minuten kommt der Ehemann, gefolgt von seiner Frau, wieder herein. Er setzt sich mit verschränkten Armen mir gegenüber und starrt mich aus zwei harten und zugleich unruhigen Augen an, aus denen nicht eben Mut spricht. Mir ist in der Zwischenzeit die Unerschütterlichkeit eines arabischen Händlers zugewachsen, der von Fliegen übersät vor sich hin dämmert. Weder Herausforderung noch Kampf. Auf diese Weise geht die Reise weiter bis Bologna. Die Unbekannte hatte, nachdem sie sich mit mir bis zu jenem Grade vergnügt hatte, der ihr schicklich erschien, Folgendes beschlossen:

1. Ihrem Manne *lediglich* meine wollüstigen Blicke zu gestehen.
2. Ihm vorzuwerfen zu schlafen, statt sie zu verteidigen.
3. Ihn für immer und ewig zu versichern, dass er einen Fels unbesiegbarer Reinheit zur Frau habe.

Vor ungefähr zehn Jahren, nachdem ich einige Tage beim Stierkampf in San Sebastian verbracht hatte, wartete ich auf dem kleinen Bahnhof von Bagnières di Bigorre auf den Zug nach Luchon. Späte Augusttage; melodramatischer Glanz des Sonnenuntergangs über den finsteren Pyrenäen. Nur wenige Menschen. Eine große Familie, ganz in Schwarz. Sieben schwarze, schleimige Betschwestern mit Rosenkränzen behangen. Ein alter Fast-Invalide. Allesamt von tiefstem klerikalem Schwarz gefärbt. Unter ihnen jedoch, ebenfalls in Schwarz, ein entzückendes Fräulein mit beweglichen und geschmeidigen Gliedern, braunem Haar, Augen von der Farbe nasser Veilchen. Es handelte sich um eine reiche Familie bretonischer Landbesitzer. Später erfuhr ich den Namen des Fräuleins: Yvette – er drückte ihr Wesen in der Tat auf das Vollkommenste aus. Ich gefiel ihr. Der Zug fuhr an. Eine Stunde voller präziser, wahnsinniger, sich emporrankender Blicke. Es war mir nicht möglich, in ihrem Abteil, das sich sofort mit ihrer ganzen Familie gefüllt hatte, Platz zu nehmen. Ein alter Zug, ohne Gänge. Also begab ich mich in das nächstgelegene Abteil. Von meinem Fenster aus sah ich Yvette, die sich ebenfalls aus dem Fenster lehnte. Der Zug kletterte, dabei immer langsamer werdend, an den Hüften der Berge empor, zwischen vor lauter Romantik verrückt gewordenen Birken, am Rande furchteinflößender Abgründe aus hellblauem Freitod. Wollüstig bot mir Yvette ihr entzückendes, blasses Gesicht, ihren verschmitzten und sinnlichen Mund und ihre Augen dar, die den gesamten Horizont des Gebirges lila färbten. Wahnsinnige Leidenschaft der strahlenden Zähne, der verirrten Augen und der Haare, die der Wind mit runden Rauchschwaden und dem Pfeifen der keuchenden Lokomotive zerzauste. Dann, ruhig und entschlossen, öffnete ich die Tür des Abteils. Ich sehe noch die erschrockenen Augen meines einzigen Reisebegleiters vor mir, eines älteren Herren, der mich zweifellos für einen Dieb halten musste. Ich stieg hinaus auf das Trittbrett, schloss die Wagentür und hielt mich dort an die Türklinke geklammert über einem mehr als tausend Meter tiefen Abgrund. Vorsichtig, aber keineswegs unsicher, erreichte ich das nächstgelegene Trittbrett. Yvette, die sich immer noch zum Fenster hinauslehnte, beobachtete mich amüsiert und erschrocken zugleich. Ich glaube, dass die leidenschaftliche Glut auf ihren Wangen mich wie ein Magnet an sich zog und mich noch dann gehalten hätte, wenn mein Fuß ausgerutscht wäre. Schließlich erreichte ich sie und küsste ihr die Hände.

— Un baiser, un baiser, je t'en supplie, ta bouche! … encore la bouche!

— C'est fou … fais attention …

— Chérie, je t'adore pour toujours … ton nom?

— Yvette.

— Philippe.

Aufwallen der schwarzen Robben im Inneren des Abteils. Haben sie etwas verstanden, gesehen, gehört? Ich weiß es nicht. Ich zog mich zurück und kehrte in mein Abteil zurück, wo ich meinem Reisebegleiter alles erklärte. Die Lebensumstände trennten mich von Yvette. Unsere Leidenschaft jedoch loderte brieflich weiter. Einen Monat später, an einem Vormittag, bestieg ich wie zufällig einen Pilgerzug nach Lourdes. Ungeachtet der

Menschenmassen kämpfte ich mich unverdrossen in das anvisierte Abteil und setzte mich sogleich auf den freien Platz zwischen Yvette und ihrer fülligen Tante. Konversation.

— Vous allez à Lourdes?

— Oui.

— Vous n'avez pas les images bénies de la Vierge et les scapulaires bénis?

Bilder, ein Skapulier und Rosenkränze wurden mir offeriert. Selbstverständlich nahm ich die Gaben an. Als Pilger verkleidet folgte ich Yvette überallhin. Um zwei Uhr nachmittags rollten auf dem riesigen Platz, der von zehntausend Moribunden und lebenden Leichnamen auf Tragbahren gesäumt wurde und dessen Laub dreißigtausend Hände aufgewühlt hatten, massive Blöcke aus Sonnenglut und eisernem Glauben hin und her. Spasmus des unbedingten Willens, gesund zu werden, der gegen die Wandungen der Gehirne pocht. Strahlen und Wehklagen, schneidend wie Äxte. In fünfzig Meter Entfernung schrien Priester, aufrecht, die Hände zum Himmel erhoben und die Gesichter dem entsetzlich explodierenden Himmel zugewandt:

— Sainte Marie, délivrez-nous! Sainte Marie, guérissez-nous!

Und die Menge antwortete mit einem langen Schluchzen:

— Guérissez-nous!

Ich selbst kniete in der Nähe der reumütig und fromm betenden Yvette, die glücklich war, meinen Arm an ihrem zu spüren. Um uns umher der Widerhall der Gebete, der nur manchmal von den Schreien ausgehungerter Schakale durchbrochen wird, die einen hochgewachsenen, mageren Priester in seiner rötlichen Kutte gen Himmel schleudern. Wenige Schritte entfernt brüllte eine armselige ausgemergelte Mutter, sie brüllte und brüllte. Sie wälzte sich auf der Erde und zerkratzte sich dabei unter großem Wehklagen das Gesicht. Während sie unter ihrem Schmerz schier zusammenbrach, erhob ihr Sohn, der wachsbleich auf einer Tragbahre lag, plötzlich die Hand. Ganz offensichtlich machte er Anstalten, sich zu bewegen. Menschen waren um ihn herum. Schwer und schwankend erhob er sich nun. Er stolperte über Lumpen und Decken. Man versuchte ihm zu helfen, doch siehe, schon lief er aus eigener Kraft. Die ausgetrockneten Gesichter der Umstehenden erschienen wie riesige geballte blutleere Fäuste.

— Le miracle! Le miracle!

Er lief. Fiebrig vor Erregung berührte Yvette seine Kleider. Ich folgte ihr, verwirrt, schluchzend. Die Kraft des Lichtes und der menschlichen Verzweiflung hatten sich entfesselt. Jede mögliche Logik zerfiel unter Tausenden von schlagenden Herzen. Der glühende Ozean dieses Schmerzes rollte über das weiße Riff der Kathedrale hinweg, er ließ die aufgedunsene Sonne krampfhaft erzittern und füllte sich sogleich wieder mit glühenden Tränen. Yvette drückte mir leidenschaftlich die Hände:

— Je t'aime bien, Philippe, parce-que tu es un bon chrétien.

Am selben Abend noch begleitete ich sie zur Prozession. Auch ich hielt eine Kerze in den Händen, und so waren wir zwei Brillanten in der grenzenlosen, mehr als drei Kilometer langen Leuchtkette, die sich um die Kathedrale herum gelegt hatte. Geruch von Weihrauch und flüssigem Wachs im Körperschweiß der Rosen. Von Zeit zu Zeit küsste ich Yvettes Hand, die vor Leidenschaft zitterte. Sie sprach zu mir:

— J'aimerais te voir vêtu comme un croisé et aller avec toi en Terre Sainte.

Ich verbrachte die Nacht in einer Pension, die Pfarrern, Nonnen und deren Familien vorbehalten war. Es war der Familie von Yvette tatsächlich gelungen, für mich einen Diwan ins Vorzimmer stellen zu lassen. Geruch von Obst, Schimmel, ausgeschnupftem Schnupftabak,Veilchenduft, der aus der Kapelle strömte. Eine Öllampe über dem Harmonium lud meine nervösen Finger zu den Variationen Mascagnis ein. Schlaflos und beschwingt zugleich lag ich also dort, als Yvette, mit einem Finger ihre verschmitzt lächelnden Lippen verschließend, mich mit vorsichtigen Schritten erreichte.

— Je veux que tu dises tes prières avec moi, Philippe.

Unsere Gebete bestanden aus 560 Küssen und 85 Zärtlichkeiten. Das Haus schnarchte dazu im Bariton. Yvette stand in Flammen. Sie sagte zu mir:

— J'ai la fièvre. Mes joues brulent. Touche!

Sie ließ mich ihr Lieblingsgebet wiederholen und überließ sich dabei willenlos meinen Küssen. Plötzlich, nachdenklich geworden, sprach sie:

— Crois-tu que papa va guérir? Il est bien bas. Oh! Que je sérais malheureuse s'il devait mourir. Il faut que tu pries beaucoup pour lui … Ce serait très gentil si tu étais médecin.

— Je suis poéte.

— En Italie tout le monde est poète …

…

Später sahen wir uns in Chartres wieder. Wir liebten uns zwei Jahre lang. Unnötig, davon zu berichten, wie unsere Liebe schließlich endete. Außer Zweifel steht, dass ich in ihr Nervensystem als jener junge verrückte Italiener eingegangen bin, der sie auf dem Trittbrett eines Zuges, während er sich über einem tausend Meter tiefen Abgrund am Fensterrahmen festklammerte, leidenschaftlich küsste, ohne dabei das Gleichgewicht zu verlieren.

Die Frau und der Mut

In Paris hatte ich einer reichen Amerikanerin den Hof gemacht, die einen schönen Rennstall besaß und auf krankhafte Art und Weise die Tiere verehrte: Sie war jung und hatte einen invaliden Ehemann. Leider hatten die raffiniertesten Verführungskünste auch nach zwei Wochen noch immer nicht den leisesten Erfolg zeitigen können. Wer weiß, vielleicht liebte oder erinnerte sie sich hartnäckig an einen anderen. Einen Monat darauf sah ich sie in Mailand wieder; ohne mir größere Hoffnungen zu machen und eigentlich aus purer Höflichkeit, lud ich sie gemeinsam mit ihrem Mann zum Mittagessen ein. Wir bestiegen die Droschke. Es regnete. An der *Porta Venezia* schlug das Pferd der Länge nach hin. Der Kutscher, ein athletischer Mensch von großer Hässlichkeit, zugleich abstoßend und blöde, stieg von seinem Bock und begann das Pferd grausam zu misshandeln, anstatt zu versuchen, ihm aufzuhelfen.

Spitze Schreie der anwesenden Damen. Ich steige aus. Ich beschimpfe den Kutscher als *Schwein* und *Schurken*, worauf er mir mit Beleidigungen antwortet. Ich stürze mich mit derart gewaltigen Faustschlägen und Tritten auf ihn, dass er ausrutscht und neben dem Pferd zu Boden sinkt. Alles klärt sich. Am nächsten Tage hatte ich eine Verabredung mit der Dame, die mir nichts mehr verweigerte. Nachdem sie sich mir auf das Reizendste geschenkt hatte, sagte sie:

— Tu es un brave.

Und, nach einem Augenblick, zwischen zwei Küssen:

— Comme les cheveaux de fiacre sont malheureux!

Ich weiß nicht, was in ihr überwog: Ob es die Bewunderung für den mutigen Mann war, der Nervenkitzel, mich mit einem viel stärkeren Manne kämpfen zu sehen, oder einfach die maßlose Liebe zu den Tieren. Unbestreitbar ist, dass wahre, also animalische Frauen die Gefahr lieben und demzufolge alle Männer, die zu ihrem natürlichen Lebensraum die Gefahr auserkoren haben. Keineswegs habe ich es nötig, mich hier meines Mutes zu rühmen. Ich bin ein echter italienischer Futurist, und das allein genügt. Gelegenheit, diese meine vornehmste Qualität unter Beweis zu stellen, bekam ich, als ich mich im Gepäckwagen eines heruntergekommenen bulgarischen Zuges befand, der mich nach der Schlacht von Lüleburganz nach Sofia bringen sollte. Zahlreiche Kriegsberichterstatter gemeinsam mit mir in dem eisigen Waggon. Wir saßen mit gekreuzten Beinen auf der Erde, auf meinem rechten Oberschenkel lag in blutigen Verbänden der Kopf eines jungen Soldaten, für den ich die tödlichen Stöße des Zuges abzufedern versuchte. Zwei Kerzen. Gleißendes Halbdunkel. Gestank und Klagen. Feindliches, unverständliches Sprachengemisch. Im Spalt zwischen zwei Wagentüren lag der *Monte Balcano*, weißlich gefärbt vom Mondlicht. Unter uns die *Maritza*. Nachdem der höchste Punkt überschritten war, begann der Zug mit der Talfahrt. Plötzlich durchquerte ein bulgarischer Offizier den Waggon und begann in einiger Entfernung wutschnaubend mit dem Bremser zu diskutieren. Die Geschwindigkeit nahm zu. Sie steigerte sich. Unruhe. Alle standen auf. Der Waggon machte einen Satz. Ohrenbetäubender Lärm. Es war, als müsste er im nächsten Moment aus den Gleisen springen. Der bulgarische Offizier informierte uns darüber, dass die Bremsen nicht mehr funktionierten. Die Verwundeten begannen zu schreien. Einige Kameraden schienen zu Tode erschrocken. Ein Deutscher stammelte mit sichtlich zitternden Lippen seine harsche Kritik am bulgarischen Eisenbahnwesen hervor. Die Katastrophe schien unvermeidlich, der Tod gewiss. Ich stand auf und begann, nachdem ich mir eine Zigarette angezündet hatte, meine freien Verse zu Ehren der Rennwagen zu deklamieren. Zehn Minuten lang befanden wir uns in höchster Gefahr. Dann erwachten alle aus ihrer Versteinerung, doch niemand hatte die Kraft, zu applaudieren. Es war das einzige Mal, dass jenes Gedicht ohne Beifall verhallte. An einem der darauffolgenden Abende, als ich am Tische eines bulgarischen Oberst speiste, erzählte dieser die Geschichte mit großer Begeisterung seiner jungen Frau, deren gerührte Füßchen sich neckisch mit den meinen verbanden und mir dabei all das versprachen, was sie später halten sollten. Sie war eine einfache und heitere Frau, die unsere Beziehung später abrupt abbrach, da sie Angst hatte, von ihrem Mann entdeckt zu werden. Gewöhnliche weibliche Widersprüche. In den raffiniertesten Frauen sucht das durch den Verstand domestizierte Raubtier beharrlich nach der Gefahr und benutzt sie als wirksames Aphrodisiakum. Eine schöne, reife Engländerin entbrannte in Bewunderung für meine Verse. Nach den ersten Küssen wollte ich mit ihr ein Treffen außerhalb des Hauses vereinbaren. Mich leidenschaftlich an sich pressend sprach sie:

— Ich werde die Deine sein, ganz die Deine.

— Wann?

— Heute Abend.

— Wo?

— Hier.

— Und dein Mann?

— Keine Angst, er hat seine Flasche! …

Ich kannte ihren Mann, hatte aber bislang seine wundervollen Alkoholikergewohnheiten ignoriert.

Am selben Abend ließ er mich in seinem höchst eleganten Salon, der eine eigene Beschreibung wert wäre, ein Gemälde von Cézanne bewundern.

Ein langer grüner Vorhang aus Samt teilte den Raum in zwei Hälften. Auf der einen Seite ein tiefer Diwan, gelb, niedrig, eines der überzeugendsten Modelle, die ich je in meinem Leben erforscht habe, reichlich Nippes, zwei schöne Renoirs in ihrem typisch warmen Rot. *C'est le coin de madame!* … gab mir das Dienstmädchen zu verstehen. Auf der anderen Seite ein großes Harmonium, eine mit Büchern und Zeitschriften überladene Anrichte, eine Bibliothek voller Flaschen, ein tiefer, abgenutzter Ledersessel. *C'est le coin de monsieur!* …

Als ich eintrat, war der Vorhang zur Hälfte geöffnet. Gewöhnliche Phrasen, zahllose Liebenswürdigkeiten, einige Banalitäten über moderne Kunst. Das Pro und Kontra der futuristischen Malerei. Begeisterung für die Skulpturen Boccionis, für die Gemälde von Balla, für die Geräuschmaschinen von Russolo.

Ich lieferte eine minutiöse Beschreibung des futuristischen Mobiliars von Arnaldo Gianna, sodann begann ich frei zu deklamieren. Begeisterung. Diskussion. Die Dame des Hauses schob scheinbar zerstreut die Vorhänge hin und her, um einen besonders dekorativen Effekt zu erzielen. Das Dienstmädchen kam mit einem Tablett, darauf eine Flasche Cognac, die sie auf einem Schemel neben dem Ehemann abstellte, der unwillkürlich in seinem Sessel versank. Er leerte in aller Ruhe vier Gläser und sagte dann: »Ich hoffe, Sie werden uns auch in Zukunft mit Ihren futuristischen Neuigkeiten erfreuen.« Ich fuhr fort, zu deklamieren. Mit spiralförmigen Bewegungen, die ihren biegsamen Körper ins rechte Licht setzten, hatte sich meine schöne Zuhörerin indessen auf den Kissen niedergelassen, wo sich ihr luxuriöser Morgenrock wie von allein öffnete und den Blick auf das Weiß ihrer Brüste freigab. Kurz darauf schlummerte der Ehemann bereits; die leicht flötenden Laute, die aus seinem Halse kamen, verhießen ein baldiges Schnarchen.

Auf dem Diwan rasche, immer kühnere Zärtlichkeiten. Ich, darum bemüht, jedes Geräusch zu vermeiden; sie, feurig, trunken vor Begierde, sich darbietend; des festen Schlafes ihres Ehemannes war sie sich offenbar vollkommen sicher. Jener schlief aber keineswegs. Allerlei tierische Laute ausstoßend schlummerte er nur, wobei er abwechselnd bald das eine, bald das andere Auge öffnete.

— Rück doch näher. John kann dich nicht sehen. Der Vorhang schützt uns vor seinen Blicken.

— Das scheint mir nicht so.

— Komm.

Unersättlich sind ihre Küsse. Brutal reiße ich mich von ihr los, und, nachdem ich einen Augenblick lang den Ehemann beobachtet habe, schließe ich den Vorhang, um den Diwan ganz und gar zu verbergen.

— Nein, nein – flehte sie mit hoher Stimme. (Es begann zwischen uns ein kleiner Streit.)

— Mach dir keine Sorgen wegen des Vorhangs!

— So ist es gut!

— Nein, lass mich es machen.

Geschickt entwand sie sich meinen Armen und kroch, während sie mich gleichzeitig mit den Augen um Verzeihung bat, auf allen vieren zu dem Vorhang, um ihn langsam wieder zu öffnen. Der Ehemann schlief, ein Arm hing schlaff hinunter, in der Hand hielt er ein volles Glas. Es schien, als würde er erwachen, er öffnete die Augen und sah uns gleichgültig an. Im nächsten Augenblick jedoch schlief er bereits wieder. Meine Freundin stand mit offenen Kleidern vor mir und presste sich liebevoll an mich, glücklich darüber, mich erstaunt, aber nicht erschrocken zu sehen. Wir nahmen unser Spiel wieder auf, und langsam begann ich, auf die Bedürfnisse meiner Gespielin einzugehen und Lärm zu verursachen. Jedes Mal, wenn ich auf den unsäglichen John starrte, der in jedem Moment erwachen konnte, durchfuhren verrückte Zuckungen der Begierde ihren Leib. Er aber regte sich nicht. Das Glas fiel ihm aus der Hand. Als ich ging, schlief er friedlich. Jeden Abend unter der beständigen Drohung seines plötzlichen Erwachens dasselbe Spiel mit einigen wenigen Variationen, ohne dass die Katastrophe geschah. Entnervt ob dieser Monotonie verließ ich sie nach einem Monat und begab mich nach Mailand.

Es gibt Frauen, die ihre Liebhaber, um deren Mut und Intelligenz anzustacheln, davon zu überzeugen suchen, dass eine große Gefahr ihre Liebesabenteuer bedroht. Der Schauplatz meiner ersten Verabredung mit einer illustren Pariser Schriftstellerin war ein Taxi, das uns auf dem schnellsten Wege nach Suresne befördern sollte. Wohlgeformt, elegant, reif. Sehr intelligent … weniger jedoch als ein Futurist. Ich hatte sie bereits mehrmals geküsst, doch sie blieb standhaft, oder tat wenigstens so, als wolle sie die Sache noch ein wenig hinauszögern. Ich hatte vor, in Kürze nach Italien zurückzukehren, doch erst, nachdem ich diese außerordentliche Blüte der Nacht gebrochen haben würde. Küsse über Küsse.

— Ne sois pas si brutal! Ah! Le terrible Italien! Calme-toi. Sois doux. Ne sois pas impatient!

Ein plötzliches Hindernis auf der Brücke über der Seine. Wir halten an.

— Dieu! Voilà mon mari! Dans cette auto! Quelle rage! Pas de veine! Filons vite. Crie au chauffeuer de partir et filer. Je savais bien qu'il nous guettait.

Flucht. Rechts. Links. Die kleinen Straßen bergauf. An jeder Straßenkreuzung bedeutete ich dem Chauffeur entschieden die jeweils einzuschlagende Richtung. Sie, auf dem hinteren Sitz zusammengekauert, verhüllte mit Muff und Boa ihr Gesicht, dabei murmelte sie unablässig vor sich hin und stammelte wütend Vorwürfe sowohl in meine Richtung als auch in jene des Motors, der Straße und der Kutschen. Ich, vollkommen ruhig. Ich hatte keinen Ehemann gesehen. Ich glaubte keineswegs an die Geschichte von dem uns verfolgenden Automobil, doch tat ich so, als glaubte ich sie. Nun galt es, ein kleines Hotel auszumachen. Das erste schien viel zu leicht auffindbar. Weiter. Flucht.

Ein zweites Hotel. Ein drittes. Drei Viertelstunden lang in teuflischer Geschwindigkeit durch die Stadt. Beim fünften war der Chauffeur es endgültig leid. Ich bedeutete ihm anzuhalten und hieß die schöne Zitternde aussteigen.

— Brrrrr, quelle frousse! Tu n'as peur de rien, toi. Mon mari est terrible. Il est capable de te tuer …

— Ça n'a pas d'importance.

Ein köstlicher Weißwein. Andante von Küssen. Leidenschaftliches Crescendo.

Sodann, alles das, was eine schöne Literatin tun kann, um einen Augenblick lang die unbestreitbare Überlegenheit eines futuristischen Dichters herabzusetzen. Erotischer Beichtstuhl.

Die Frau und die Eifersucht

Ich höre die Frauen aufbegehren: »All dies kann man Laune nennen, Begehren, oberflächliche Sinnlichkeit, aber doch nicht Liebe, die furchtbare, alles absorbierende, besessene, vor Eifersucht rasende Liebe ...«

Keinem Menschen wünsche ich das, was mir mit fünfundzwanzig Jahren widerfuhr. Eine Piemonteserin, Ada Rossi, zart, hochgewachsen, mit den großen blauen Augen eines unschuldigen Kindes, einem etwas zu großen Mund, gesund, vernascht, sinnlich, scharfsinnig, intuitiv, unsentimental, höchst intelligenter Körper einer falschen Schlanken, faul, aber glühend, eine Frau, die sich ihrer selbst und ihres unwiderstehlichen Zaubers nur allzu bewusst war. Ihr Ehemann, ein reicher deutscher Kaufmann, war ob seiner zahlreichen Geschäfte häufig auf Reisen nach Smirna und Konstantinopel unterwegs. Sie empfing ihre Besucher in einem prächtigen Salon, dem interessantesten in ganz Turin. Hier lernte ich Arrigo Boito und Giacosa kennen, die dort zu den Hausgöttern zählten. Der Erfolg meiner Verse hatte eine für mich einnehmende Atmosphäre geschaffen. Unsere Liebe entbrannte. Ich nahm sie nicht. Sie wollte mich und nahm mich. Ihr Mann reiste nach wenigen Wochen in den Orient ab. Wir liebten uns den gesamten Winter hindurch, frei, glücklich, ohne Lügen und Ausflüchte. In den ersten Augusttagen folgte ich ihr nach Alassio.

Sie befand sich in Begleitung ihres Onkels, eines alten Lebemannes, der sich durch Spiel und Laster ruiniert hatte. Urplötzlich veränderte sich nun alles. Liebte sie mich? Ja. Ebenso wie zuvor. Begehrte sie mich? Rasend. Das Sich-Darbieten ihres Körpers vollzog sich wie beim allerersten Mal, glühend, zärtlich, begeistert. Und doch, ein Schatten, ein Schleier stieg zwischen uns auf. Sie wurde nun zu sehr bewundert, zu sehr hofiert, es gefiel ihr, sich in einem eng anliegenden Badeanzug zu präsentieren, und sie genoss es, ihren Körper den harten Blicken der zahlreichen halbnackten, muskulösen Männer auszuliefern. Einer war darunter, der sie wie gebannt beobachtete. Ein einfacher Flirt. Vielleicht. Aber es gefällt ihr, und sie ermutigt ihn. Und eine entsetzliche Eifersucht beginnt, mir das Blut zu vergiften. Schlaflose Nächte. Verdichtung ätzender Tränen in den Augenwinkeln. Auskundschaften. Überraschen. Korridore. Dunkle Arterien eines *Grand Hotels*, pulsierend von meinem eigenen Blute. Erstickte Schritte. Klagender Traum einer Tür, von der es scheint, als wolle sie erwachen. Welche Hand hält die Türklinke umfasst? … Ihre vielleicht? … Hysterisches Klappern eines Schlüssels …

Ich brauche zwanzig Minuten, um den meinen geräuschlos im Schloss umzudrehen. Auch sie wird hinausgehen! … Wer hat mir nur diesen Floh ins Ohr gesetzt?

Es ist eine dumme Idee. Aber was habe ich in meinem Bett verloren, wenn sie, die hinter dieser Wand atmet, dort ist – und wird sie fortgehen? …

Eine Stunde der langsamen Schritte bis zu ihrer Tür …

Warten wir … Es ist zwei Uhr. Warten wir. Halb drei. Warten wir noch ein wenig … Das Herz schlägt mir bis zum Halse. Meine eiskalten Füße am Pol aller Einsamkeiten … Die riesengroße Nacht donnert in meinen Ohren … Gestern noch war sie auf mein Zimmer gekommen. Ich hatte sie beschworen, auch in dieser Nacht wiederzukommen. Ein zweideutiges Lächeln war die Antwort gewesen … Seltsam, dieses Lächeln! Sie wird müde gewesen sein und längst schlafen. Ruhiges Schnarchen zufriedener Körper, frei von Eifersucht, zwei, vier, fünf Stunden, sollten sie denn notwendig sein, um den Augenblick der Augenblicke einzufangen, Begierde, Glück, totales Glück oder … Rache? Oh Gott! Mein Gott! Hier. Hier! … Sie ist es. Ihre Tür knarrt. Sie öffnet sich. Ihr Profil, heller als das sie umgebende Dunkel. Wohin mag sie nur gehen? Sie kommt näher. Sie weiß nicht, dass ich hier bin. Sie hört mich nicht atmen. Reglos stehe ich an der Tür meines Zimmers. Was werde ich tun, sollte sie an meiner Tür vorbeigehen …? Mein Gehirn rutscht mir in den Hals, in die Brust … Ich stehe gegen die Wand gepresst. Ihr Schritt. Das Rauschen ihrer Röcke und des nächtlichen Meeres …

— Mein Gott! Was für ein Schreck!

— Ada, ich bin es. Komm.

In meinem Bett. Endlich. Verloren lächelt sie und gibt sich hin. Brutales Zerreißen vor Glück. Brennender Dank der Tränen.

— Weshalb weinst du? Was hast du?

Sie schenkt mir ihr Kinderlächeln, alles ist plötzlich ganz natürlich, unschuldig.

— Wärst du nicht stehen geblieben, ich hätte dich wohl gepackt und getötet. Aber denk nicht mehr darüber nach. Ich bin verrückt nach dir und sterbe vor Eifersucht.

— Du bist tatsächlich ein bisschen verrückt. Drück mir den Hals nicht so zu. Du tust mir weh!

Der Ozean meiner Leidenschaft, der erbittert darum ringt, ein kleines zartes süßes weibliches Wesen mit glühendem, rohem, saurem Genuss zu füllen, eine kleine Seele, die sich durchbohren lässt, um den Fluss aller Wonnen durch sich hindurchfließen zu lassen wie unnützes Blut. Weshalb nur forderte ich das unmögliche, absurde Monopol universalen Lichtes in ihren Augen? Weshalb wollte ich die Wärme, die menschenfreundliche Wärme für mich allein? (Ja!, ja!, »menschenfreundlich« ist das richtige Wort.) Die menschenfreundliche Wärme ihrer zarten Brustwarzen? Warum verteidigte ich ihre geschlossenen Beine? Heute lacht meine erfahrene Männlichkeit ironisch über den dummen, eifersüchtigen Türken, den ich damals im Herzen trug.

Einmal mehr schluchzte ich in Adas Armen.

— Ich bitte dich, ich beschwöre dich; schau, ich küsse deine Füße; beachte diesen jungen Mann nicht länger! Höre ihm nicht mehr zu, halte ihn auf Abstand.

Sie sah mich erstaunt an, doch ein tiefes inneres Freudestrahlen färbte ihr dabei die Wangen.

— Weshalb weinst du? Das ist verrückt! Verrückt!

— Bist du sicher, dass er dich verehrt?

— Die großen Worte! Ich weiß, dass du mich ein bisschen magst, ein kleines bisschen ... Aber heute gehst du mir eigentlich nur auf die Nerven. Nicht weinen.

Sie stand auf, nackt, und begann, sich mit einem Kamm ihr langes braunes Haar zu kämmen. Aufrecht vor dem Spiegel stehend, sich des Gleichmaßes ihrer kleinen Brüste und ihres faltenlosen Bauches vollkommen sicher, gefiel sie sich darin, nackt, nur halb verschleiert von ihren Haaren, im Zimmer auf und ab zu schreiten. Sie besaß einen höchst biegsamen Körper, allein ihre kräftigen quadratischen Hüften verrieten eine unbeugsame Animalität. Ich sagte:

— Welch wunderbares Raubtier! Du würdest dich gut in einer Manege machen!

— Aber man würde mir nichts anderes zu essen geben als Eselsfleisch.

— Das meine.

— Nein, du bist mein angebeteter Tommasino. Du gefällst mir so, wie du bist. Sehr sogar. Doch habe ich den Eindruck, dass ich dir nur wenig bedeute. Viel weniger als deine letzte Geburt: dein Gedicht, dieser wunderbare Fötus. Es ist dort, in deinem Köfferchen! Wehe dem, der es berührt! ... Es ist sehr viel wertvoller als ich! ...

— Hättest du lieber einen Schwachsinnigen zum Liebhaber? Wäre ich ein Mann wie jeder andere, würdest du dich nicht von mir nehmen lassen.

— Nein, nein. Ich habe dich genommen, mein Hübscher. Ich habe dich ausgewählt. Dies ist meine Haut, die ich mir ausgesucht habe. Dich als Tier und nicht als Gehirn will ich. Dieses hässliche Gehirn, in dem so viele Dinge sind, von denen ich nichts weiß und die gegen mich sind.

— Ich bin ganz der Deine: Nerven und Blut. Siehst du denn nicht, dass ich für dich sterbe? Solltest du mich verlassen oder mich betrügen, werde ich mich umbringen. Allein die Vorstellung, dein Blick könne auf einen anderen fallen, raubt mir alle Lebenskraft. Glaubst du mir nicht?

— Ja und nein.

— Ich glaube, dass die Ehre, deine Ideen für dich weit wichtiger sind als ich.

— Ich könnte dich mit keiner Frau betrügen.

— Ah! Ah! Wäre ich die Frau eines großen Pariser Verlegers, wäre ich mir da nicht so sicher.

— Es ist absurd, was du da sagst. Du lügst. Du tust, als glaubtest du nicht an meine Liebe, um mich dadurch zur Verzweiflung zu treiben.

Ich erhob mich abrupt vom Bett und stieß mir dabei das Knie an einer Kante. Ada drehte sich erschrocken um.

— Hast du dir sehr wehgetan, mein Kleiner?

Und mit einer großen, unerwarteten Zärtlichkeit küsste sie mir das Knie, sodann bedeckte sie es mit ihrem Haar, nahm es in ihre Arme und drückte es gegen ihre Brüste.

Eines Abends sah ich Ada mit zwei jungen Männern in einem Boot, das gerade dabei war, anzulegen. Einer der beiden war mein Rivale. Mir kam in den Sinn, dass

Boote bisweilen Löcher bekommen und auf vollkommen blödsinnige Weise kentern.

Ich wünschte es mir mit der ganzen Kraft meines Blutes.

Nach dem Essen, auf der Terrasse, fiebrige Lichter, frischer und lustiger Klang des Geschirrs, die bunten Schmetterlinge der Lampen, die sich mit den ersten Sternen über den weißen Tischchen und über dem hellblauen Fleisch des Meeres vermischten. Rauschen der Brandung und süßes Lachen. Adas wieherndes Lachen hinter mir, an einem anderen Tisch. Ich erfühlte, wie saumselig sie war, wie sie brannte, sorglos, mit nackten Armen, zu nackten Armen. Ich bemerkte, wie sie aufstand und sich gemeinsam mit ihrem Flirt entfernte. Ich näherte mich ihr in den Windungen eines Flures. Ich packte sie am Handgelenk und hielt sie zwischen meinen zu Eisen gewordenen Fingern fest. Sie war außer sich, schrie, und indem sie sich zu mir umdrehte, zischte sie mit Wut und Verachtung:

— Du bist ein Dummkopf! … Du bist eifersüchtig wie ein Landpfarrer. Du bist der Diener meiner Genüsse gewesen, jetzt hingegen … beginnst du mich zu langweilen!

Ich antwortete ihr bedächtig, mit langsamer und entschiedener Stimme. Dabei fühlte ich mich jenseits aller Verdammung und Verzweiflung.

— Spute dich nur, zu gefallen … Du hast keine Zeit zu verlieren … Drei Jahre hast du noch Zeit … mehr oder weniger … um schön zu sein, erschreckend schön … Danach, ich weiß nicht …

Ein Zornesschluchzen schüttelte sie. Ihre Augen füllten sich mit Tränen, doch sie versuchte, die Fassung nicht zu verlieren. Dabei starrte sie mich aus eisig metallischen Augen an. Dann wandt sie sich ab und entfernte sich unter ironisch kreischendem Gelächter. Eine Stunde darauf traf ich zufällig ihren Onkel.

— Was haben Sie? Fühlen Sie sich nicht wohl? Ich lese Verstörung in Ihren Zügen.

— Ich habe soeben einen Brief erhalten, der mir Mitteilung vom Tode eines lieben Freundes macht.

Er entfernte sich kurz, machte jedoch sogleich kehrt.

— Entschuldigen Sie. Sie sind ein junger Mann, und ich kann zu Ihnen wie ein Vater sprechen.

Ich merkte, dass er getrunken hatte. Er fuhr fort:

— Sie haben vorhin gelogen. Sie werden doch wohl nicht zufällig verliebt in jene Verrückte sein, die meine Nichte ist?

— Ich, nein. Nicht im Traume!

— Das beruhigt mich. Wenn es also nicht so ist, umso besser. Möchten Sie einen Rat? Vergessen Sie Ada. Sie ist schön, gewiss, sehr intelligent, elegant, aber böse, lügnerisch, egoistisch und geizig. Vor vier Jahren brachte sich ein junger Argentinier ihretwillen in Turin um. Sprechen Sie mit ihr von dieser Begebenheit. Ohne ihr jedoch zu verstehen zu geben, dass ich sie Ihnen verraten habe. Ich würde gerne wissen, was sie Ihnen antwortet. Was ihren Mann, dieses brave deutsche Dickerchen betrifft – er weiß es, oder er weiß es nicht, auf jeden Fall liebt er sie nicht. Er bevorzugt die Baumwolle und die Huren. Sie garantieren allemal eine größere Sicherheit, denn sie schwanken nicht.

Erschöpft begab ich mich zu Bett. Ich hatte Fieber. Es stieg in der Nacht. Am nächsten Tag war mir, als sei der Arzt ob der außerordentlichen Höhe des Fiebers sehr besorgt. Ungeduldig wartete ich darauf, dass es endlich fallen würde, um mit fürchterlicher Kraft mein zertrümmertes und zerstreutes Gehirn wieder in Besitz zu nehmen.

Unter großen Anstrengungen kleidete ich mich an.

Schwankend stieg ich die Treppe hinunter. Weit und breit kein Mensch. Es war drei Uhr nachmittags. Siesta der Badegäste.

Im Garten ebenfalls niemand. Magisch zog es mich in die belebte Straße zu meiner Rechten.

Ich wusste, dass ich sie finden würde. Dort. Sie ist es. Mit ihm! Ich tat drei lange, vorsichtige Schritte, wobei ich den Kiesweg vermied, um ja keine Geräusche zu verursachen. Dann warf ich mich auf ihn. Sie hatten meine Schritte gehört, und so gelang es ihm gerade noch, sich umzudrehen, um im Magen die Schläge meiner eisenharten Fäuste zu empfangen. Ich packte ihn am Hals, warf ihn zu Boden und fiel mit Klauen und Zähnen über seine Augen, seinen Mund und seine Wangen her. Er war stärker als ich, doch gelang es ihm nicht, unvorbereitet wie er war, sich meinem ungestümen Angriff zu entziehen. Ein Raunen geht durch die Menge der umstehenden Badegäste. Ironisches Gelächter. Skandal. Ich lasse von ihm ab. Ich entferne mich rasch. Ada kommt zu mir gelaufen. Süßes Gesicht, in Tränen aufgelöst.

Sie schluchzt.

— Ich bewundere dich. Ich liebe nur dich. Der Wunsch, dich aus Eifersucht weinen zu sehen, brachte mich fast um den Verstand! Ich hätte alles getan … Ein Verbrechen hätte ich begangen – einzig, um dich vor Eifersucht toben zu sehen … Ich habe dich nicht betrogen. Ich werde dir gehorsam sein. Ich werde ihn nicht wiedersehen. Du warst wie ein Tiger. Wie schön du warst! Wie schön du warst! Für mich, für mich hast du es getan!

Ich beobachtete sie mit amüsiert-ungläubiger Zärtlichkeit, so wie man zwei Katzen beobachtet, die im August mit ihrem Miauen und ihrem Geklettere die Milchstraße erweichen. Es ging mir bereits viel besser. Fülle der befriedigten Nerven und Muskeln. Das Fieber schwand noch am selben Abend. Ada reiste am nächsten Tage mit ihrem Onkel nach Turin ab, wo ich sie wiedertraf. Ihren übel zugerichteten Flirt, der sich weigerte, sich mit mir zu schlagen, sah sie nicht wieder … Ada wurde gehorsam, zärtlich, ihre Lügenhaftigkeit verlor sich ebenso wie ihre Koketterie – sie war verändert, auf wunderbare Weise verändert. Zwei glückliche Jahre. Dann folgte sie ihrem Mann nach Japan. Die Gewalt hatte alle Krisen beendet, alle Probleme gelöst und alle Wunden geheilt.

Unglücklicherweise ist die Eifersucht, diese traditionelle, unheimliche, gnadenlose, ekelhafte Krankheit eine italienische Spezialität. Die natürliche Konsequenz unserer wunderbaren Sinnlichkeit und unserer maßlosen Liebeskraft.

Wir sind reich an tellurischer und atmosphärischer Animalität, beständig spasmodisch vibrierend, aus unserem Innersten heraus dem Universum verbunden, das wir besser als jedes andere Volk zu interpretieren, zu erspüren und künstlerisch umzusetzen verstehen. Wir empfinden in uns das Meer, die Flüsse, die salzigen Winde, die Hitze, die Zentripetalkraft, die Ausbreitung des elektrischen Lichtes – und die Frau, und bringen all diese Dinge in uns selbst noch einmal hervor. Wir sind also typisch eifersüchtig. Jedes mediterrane Volk ist es weniger als wir, einschließlich der Spanier. Die Nordländer, die nicht über unsere vitale Kraft verfügen, sind es überhaupt nicht. In Deutschland, Schweden und Norwegen hat die Jungfernschaft absolut keinen Wert. Sie ist schlicht und einfach eine Unbequemlichkeit, ein Ausrutscher, ein Hindernis, das es zu überwinden gilt, um sexuelle Bedürfnisse frei zu artikulieren. Auch die zwölf Ehemänner oder Geliebten jener zwölf schönen Russinnen – intellektuelle Damen, Dichterinnen und Künstlerinnen –, die mir in Sankt Petersburg im Keller der *Cagna Randagia* Beifall spendeten, waren nicht eifersüchtig: rauschender Tumult von Stimmen, Alkohol, Rauch, aufgepeitscht von der herrischen Deklamation meiner Verse. Jene jungen, eleganten, halbnackten Frauen wollten mir ein außerordentliches Geschenk machen: eine gemeinschaftliche, dabei sehr präzise Liebeserklärung mit dem dazugehörigen Angebot von Küssen, unterschrieben von zwölf Federhaltern, die in zwölf verschiedene Blute von zwölf rechten Unterarmen getaucht worden waren. Das Unternehmen nahm eine ganze Weile in Anspruch. Einige schrien vor Schmerz,wenngleich sie dabei lachten. Andere waren emsig bemüht, einen ausreichenden Tropfen Blut hervorzupressen. Die zwölf Ehemänner schauten dem Spektakel ehrerbietig zu, zwei oder drei von ihnen hinter ihren Brillengläsern wie in einem Taucheranzug auf dem rotgoldenen Grund eines Ozeans aus Alkohol.

Ein anderes Mal aß ich mit einem raffinierten englischen Millionär – stilvoll mit Monokel – und seiner schönen amerikanischen Künstlerfreundin zu Mittag. Nach den Makkaroni unterhielten sich unsere Münder über den Tisch hinweg auf Französisch über Kunst, während die Beine der Künstlerin die meinen in einem sudanesischen Dialog umfingen. Als man schließlich den Whiskey brachte, versetzte mir der Engländer, nicht ohne sich zuvor das Monokel zurechtgerückt zu haben, einen vertraulichen Knuff in den Magen, wobei er mit fröhlicher Ironie sagte:

— Ah! Ah! ... Sie machen meiner kleinen Freundin den Hof wie ein Unterseeboot!

Meine Verwunderung war grenzenlos.

Offensichtliche Unfähigkeit nordischer Männer, die Frau in ihren Tiefen zu erspüren und sie mit kraftvoller Unzucht zu begehren. Es ist unsere körperliche Überlegenheit, welche die schreckliche Krankheit hervorruft, die uns betäubt, zerfleischt und aus unserem Leben eine sexuelle Besessenheit für eine *einzige* Frau macht und so all die unzähligen anderen, die aufs Köstlichste zu erkunden wären, ausschließt. Man muss diese Besessenheit ausmerzen: den einzigen Mann, die einzige Frau. Die Geschwindigkeit der sexuellen Begegnungen steigern. Die Geschlechtsverkehre multiplizieren, sie zu wenigen bunten und spasmodischen Stunden intensivieren, bündeln und konzentrieren. Wehe jenem Italiener, dessen Herz sich verflüssigt und der sein Sexualleben in Einförmigkeit verkümmern lässt. Treue: Melancholie, Gewohnheit. Eifersucht: Besessenheit eines alten Stubenhockers, der nur auf einem einzigen Sessel zum Sitzen kommt. In der Frau verfügt die Eifersucht über eine weitaus zersetzendere Kraft als im Manne.

Ein erfahrener Verführer, der sich allein mit zwei Frauen befindet, kann sich rein mechanisch beider bemächtigen, indem er ihrer beider unvermeidliche Eifersucht ins Spiel bringt. Das ist ein unumstößliches Gesetz. Vor ungefähr vier Jahren machte ich anlässlich einer Sommerfrische in den Alpen gleichzeitig einer blonden Witwe aus Padua sowie einem reizenden brünetten Fräulein aus Pavia den Hof. Zwei Busenfreundinnen. Ich wohnte im selben Hotel wie das Fräulein. Unsere Zimmer, keine Verbindungszimmer, jedoch nahe beieinander gelegen, eröffneten den nämlichen Blick auf einen kleinen Bergpfad sowie auf das Hotel, in dem die Dame aus Padua mit ihrer gesamten Familie logierte. Jede Nacht, im Anschluss an unsere Spaziergänge, bildeten unsere Fenster ein Dreieck aus Licht. Ich weihte die Dame aus Padua in eine Geheimsprache der Liebe ein, in der ich mit ihr während der Nacht durch das Ein- und Ausschalten des Lichts von meinem Bette aus zu ihr sprechen würde. Ich beschwor sie, mir mittels einer Lampe mit *Ja* oder *Nein* zu antworten. Sie weigerte sich.

In der ersten Nacht blieb ich ohne eine Antwort. Ein *Nein* war die Antwort der zweiten Nacht. In der dritten, während ein flüchtiges *Ja* erschien, sah ich im Nachbarzimmer den Schatten des Fräuleins, das uns beobachtete. Tagsüber hofierte ich leidenschaftlich die Letztere, nächtens indes verständigte ich mich durch Lichtzeichen mit der anderen. Eines morgens wartete ich, bis das Fräulein ausgegangen war. Die Tür ihres Zimmers stand offen. Ich trat ein und versteckte mich unter ihrem Bett. Abgesehen von einem kurzen Aufstehen und maushaften Wieder-Verschwinden blieb ich geschlagene zehn Stunden lang dort liegen. Das Fräulein blieb den ganzen Tag unsichtbar. Um Mitternacht hörte ich sie gemeinsam mit ihrer Freundin und deren Familie wieder heimkehren. Nicht enden wollendes Stimmengewirr, die Gesten des Sich-Verabschiedens, die Treppe hinauf, hinein in das Zimmer. Ich, bäuchlings auf den Fliesen, während mein Herz sich schier in den Boden fraß. Sie, sich in vollkommener Sicherheit wiegend, ahnungslos, mit der schönen Sorglosigkeit einer Frau, die sich auszieht. Duftende Sinnlichkeit einer Banane, die sich langsam selbst enthüllt. Heißes Parfum von Leinen und zarten Stoffen. Die Hand, die langsam einen Strumpf über die schöne Nacktheit der Wade hinunterrollt. Dann, im Nachthemd, am Fenster. Sie entfernt sich. Von Neuem versucht sie, durch den Vorhang zu spähen. Offensichtlich hatte ihre Freundin von gegenüber begonnen, ihre Signale auszusenden, verwundert darüber, keine Antwort zu erhalten. Ich spürte am Kopf das Bett unter dem Gewicht des Fräuleins beben. Unruhig, mit aufgerichtetem Oberkörper, wachte sie über das, was ihre Freundin tat. Erst jetzt schlich ich mich vorsichtig, mit der Langsamkeit eines Uhrzeigers, aus meinem Versteck unter dem Bett an die gegenüberliegende Seite des Fensters, und blitzschnell fasste ich nach ihrem

Kopf, war über ihr und verschloss ihr den Mund. Sodann verschaffte ich ihr mit tausend Küssen und endlosen zärtlich einschmeichelnden Worten alle Genüsse, auf die ihr Körper gewartet hatte. Jeder Widerstand, jeder Versuch der Verweigerung ward von den hartnäckigen Lichtsignalen gebrochen, die in uns die verrückteste Fröhlichkeit hervorriefen. Am nächsten Tag hatte die Dame aus Padua tiefe Augenringe, die von einer schlaflosen Nacht zeugten. Ein paar Abende später fiel auch sie. Diesmal bei ausgeschaltetem Licht. Auf diese Weise hatten meine Lichtsignale zwei anscheinend uneinnehmbare Festungen niedergerissen.

Die Frau und die Komplikation

Unter den zahllosen Gespielinnen meiner erotischen Abenteuer befinden sich lediglich drei deutsche Geliebte. Eine junge, frische Hamburgerin, die jedoch pedantisch und dumm wie ein Aufsatz von Benedetto Croce war. Die fade Ehefrau eines Verlegers aus Leipzig. Und eine Dame aus Berlin, die mir absolut unvergesslich geblieben ist. Ich lernte sie im *Hotel des Palmes* zu Palermo kennen. Sie war eine junonische, imperiale Erscheinung. Auf heldenhafte Weise war sie um Eleganz bemüht, ohne diese indes jemals zu erreichen. Beständig sprach sie von großen Pariser Schneidern. Der Direktor des Hotels gab mir zu verstehen, dass sie in Berlin im Rampenlicht der Öffentlichkeit stand. Eigentlich gefiel sie mir nicht, doch zollte sie mir unumwunden ihre Aufmerksamkeit, und in ihren Augen stand ein dermaßen komisches, hellblaues Erstaunen, wenn ich wieder einmal mit einiger Brutalität Ruinen und Museen verteufelte, dass mich die Lust überkam, sie in meine Sammlung aufzunehmen. Meine Futuristenfreunde Bruno Corra und Settimelli hatten für mein Drama *Elettricità* eine große futuristische Tournee organisiert, und am Abend, als ich zwischen Peppino Ardizzone und Tasca di Cuto aus meiner Loge heraus zum palermitanischen Publikum des Schaupielhauses *Garibaldi* sprach, sah ich meine Berliner Freundin hingerissen im Parkett unter mir. Ich unterstrich noch einmal mit aller Kraft meine absolute Verachtung für Touristen, Traditionalisten und Deutsche im Besonderen, die mit ihrer idiotischen Bewunderung unseren künstlerischen Traditionalismus, den plagiatorischen Kult des Vergangenen, die Besessenheit von falschen Altertümern, das alte, immer noch nicht begrabene Italien verewigen. Im Verlaufe des Abends kam es dann im *Quattro Cani di Campagna* zu einem Handgemenge zwischen Futuristen und Traditionalisten. Armando Mazza ballte seine athletischen Fäuste, und Francesco Cangiullo versetzte einem Kritiker Tritte. Ich aber erhielt von der Berlinerin die Einladung zu einem Treffen um zwei Uhr in derselben Nacht.

Drückende Hitze über dem kochenden Golf von Palermo, der wie ein bis zum Rande mit Lava gefüllter Vulkan erschien. Sogar um ein Uhr noch schwitzte man wie unter tropischer Sonne. Mäßig begeistert, dafür jedoch einigermaßen neugierig, betrete ich das Zimmer der schönen Berlinerin. Im Dunkel berühre ich ihre starken nackten Arme. Weitläufiges Zimmer mit zwei großen Fenstern, die auf die afrikanische Seite des von Sternen entzündeten Meeres gingen. Wir schwitzten alle beide. Ich war glücklich, mich mit ihr auf die nackten Steinfliesen zu legen, und nicht auf einen Diwan oder ein heißes Bett. Nach einer Stunde sagte sie mir:

— Jetzt mache ich Licht. Du musst mein Nachthemd sehen, das ich extra für dich habe anfertigen lassen.

Wir standen auf. Licht. Theaterstreich für meine Nerven. Ihr Nachthemd glich der deutschen Flagge. Über ihrem Bauch schlugen die beiden kaiserlichen Adler mit ihren Flügeln.

Ich bin stets gegen die dreifache Allianz gewesen, doch die Vorstellung, ein zweites Mal den Marsch auf Berlin anzutreten, gefiel mir durchaus.

Der Weg von der deutschen Tölpelhaftigkeit zur komplizierten Pariser Raffinesse ist weiter als der Weg von der Erde zum Mond. Eine Laune des Schicksals ließ mich in einem einzigen Winter vier oder fünf verschiedene Arten von Frauen kennenlernen und kosten – allesamt von einer abnormen und exzentrischen Sinnlichkeit.

Zunächst verliebte ich mich wahnsinnig in eine junge jüdische Schauspielerin algerischer Herkunft: braun, wild, schlau und schwankend, höchst ehrgeizig, berechnend, riesige lakritzfarbene Augen, schöner Negerinnenmund, eine Araberin mit einem Wort, befeuert von der Pariser Luft. Doch hatte sie leider einige enervierende Ticks – so etwa verlangte sie Abend für Abend von mir den immergleichen, begeisterten Lobgesang auf ihre Brüste. Wunderschön, fürwahr, doch nach einem Monat weigerte ich mich strikt, auf ihren montonen Schrei zu antworten:

— Sage mir, wie schön meine kleinen Brüste sind! Sage mir, dass sie schön sind!

— Ja, sie sind schön! Sie sind schön! Aber jetzt Schluss! ...

Ich begann sie zu vernachlässigen, beendete die Beziehung und erwies mich auf diese Weise endlich ihrer Beschimpfungen würdig:

— Tu n'es qu'une brute en amour, tu ne comprends rien aux finesses.

Eine junge Dame aus Saint-Cloud, die ich in einer Villa, in der ich eine Woche lang zu Gast war, kennengelernt hatte, besaß die sonderbare Fähigkeit, sich in der Liebe gewissermaßen aufzuspalten. Während sie sich nämlich den gewalttätigsten Zärtlichkeiten hingab, begann sie bisweilen einen seltsamen Dialog mit der harten und glühenden Spitze ihrer rechten Brust, die sie derweil wie gebannt anstarrte. Unverständliches Gestammel, das jedoch sehr zärtlich wirkte. Von Zeit zu Zeit unterbrach sie sich, um mir zu sagen:

— Schau, wie groß meine Brust an ihrer Spitze ist, das Tier!

Dieses Spiel unterhielt mich zwei Nächte lang. Dann musste ich abermals Einhalt gebieten. Und geriet somit zweifellos in den Ruf eines durchaus schlichten und gewalttätigen Mannes, der die Komplikationen der Liebe einfach nicht begreifen wollte.

Es gibt Frauen, die lieben Invaliden, Besiegte, Enttäuschte. Einer von ihnen sagte ich: »Du witterst einen Leichnam? … So weit ist es noch nicht! Ich bitte dich, in zwanzig Jahren noch einmal vorbeizuschauen, du Hyäne!«

Während der drei Jahre, die der allgemeinen Mobilmachung vorausgingen, wollte Paris, jene Stadt, die in sich die vollkommene Eleganz, jede nur erdenkliche Art von Raffinesse, vollendete Geistigkeit und alle erotischen Spielarten dieser Welt vereinigt und zur Synthese geführt hatte, tatsächlich der Mauer der Vergeblichkeit seine gewaltige, leuchtende Stirn bieten. Jede nur vorstellbare Vergnügung, alles Bizarre, jede Laune und jedes Spektakel – alles erprobt, erschöpft und bis auf den Grund geleert. Die Besessenheit vom weiblichen Schreiben, welche die Leidenschaft für Bridge abgelöst hatte, war zu purem Snobismus verkommen und hatte unbeschreiblich schwachsinnige Ausmaße angenommen. In einem höchst angesehenen Salon ward ich an einem Nachmittag genötigt, zwanzig verschiedenen Rezitatorinnen zu lauschen. Eine schätzungsweise sechzigjährige Frau las de Mussets *Nacht*. Zitterndes Lorgnon zwischen den knöchrigen alten Fingern. Verkehrter Frühling der rosa-violetten Toilette auf einem Ruinenkörperkleiderschirmständer. Müde schleimige Zunge inmitten glühender Verse. Unaufmerksamkeit der gefiederten Hüte, die leise ihre eigenen Angelegenheiten besprachen, ohne sich um die Rezitatorin zu bekümmern. Im Anschluss an sie skandierte ein bärtiger Blonder, ordentlich gekämmt und mit einem Gehrock bekleidet, Notar oder Bankdirektor, zehn Minuten lang in einem monotonen Rhythmus Alexandriner. Ein geziertes Fräulein – Mimik einer Chinesin, Spatzenstimme – deklamierte ein Gedicht, bei dem sich *volontà* auf *carità* reimte. Allgemeines Erbarmen. Niemand hörte mehr zu. Das Ganze zog sich von drei Uhr nachmittags bis halb neun abends hin. Von Zeit zu Zeit eine kurze Unterbrechung durch Zurufe: – schön! wunderbar! interessant! Kleine fiebrige Flügelschläge der Fächer gegen beringte und lackierte Hände. Gemurmel aus falscher Zustimmung. Stimmengegluckere. Trab allerbanalster Blödheiten. Keiner hörte dem anderen zu. In jenem Raum, in dem die Erfrischungen bereitstanden, machte sich ein ehrliches Durcheinander von Stimmen, Tellern, Schmatzen breit. Nach diesem ekelhaften lauen Fluss hatten alle – Dichter, Dichterinnen, Bohemiens, Journalisten, Künstler, Damen und Schauspielerinnen – Hunger auf belegte Brote, Kuchen, Eis und Schokolade, zumal wenn sie an die endlos weiten Wege dachten, die sie auf den belebten Pariser Straßen zu Fuß, mit der Trambahn oder in luxuriösen Limousinen hatten zurücklegen müssen; zwischen tausend Stößen und unter Zeitdruck, der sie dazu nötigte, unter allen Umständen in Untätigkeit zu verharren. Keuchender Rhythmus. Die weiblichen Brüste begierig darauf, sich stets am schicksten Ort von Paris zu zeigen, in demjenigen Salon nämlich, den *man* gerade frequentieren musste, beim außerordendlichsten Spektakel. Jede Niedrigkeit wurde begangen, erhielt man dafür nur eine solche Einladung! ... Alle Damen hatten ihren *jour fixe*, dem sie eine besondere Note zu verleihen trachteten. Erbitterter Kampf der verschiedenen Wochentage! Der Dienstag bei der Marquise C befriedigt zwei Drittel der Pariser Klatschsucht, doch ist er bereits bedroht vom Dienstag der Komtesse D, und insbesondere durch jenen der jungen und wunderschönen Literatin Y, die erbittert daran arbeitet, kubistische Gemälde, Dichter, Futuristen, russische Tänzer, sudanesische Jongleure anzuhäufen, und die auf ganz Paris die Netze ihrer Einladungen auswirft, in denen alle diese Fischlein in einem zuckenden schwachsinnigen Genusse leuchten wollen. Ich war eine echte Zugnummer. Es schien vollkommen undenkbar, ohne meine freien Verse über Rennwagen auszukommen, welche die einschläfernde Atmosphäre dieser Umgebungen regelmäßig aufmischten. Aus psycholgischem Interesse und mittels eines schnellen Automobils füllte ich an einem Nachmittag vier oder fünf Salons *à la mode* mit futuristischer Energie. Auf diese Weise lernte ich auch Frau Julie de Mercourt kennen, die ich bereits zuvor allerorts angetroffen hatte. Sehr blond, fragil, blass, ein fiebriger Nippes, deren Augen und Stimme bisweilen unvermittelt von einer Mattigkeit befallen wurden, ganz so, als seien sie gerade in ein warmes Bad erotischer Erinnerungen getaucht. Ich begehrte sie inniglich und folgte ihr. Unsere Schnelligkeit und Omnipräsenz verliefen parallel zueinander. Eines Tages, in einem Aufzug, sprach sie mir in einem Anflug plötzlicher Vertraulichkeit von einer Herzkrankheit und ließ mich mit der Hand ihre sehr kleine weiße Brust berühren, die über einem allzu unordentlichen Herzen zuckte. Als Ehefrau eines bekannten Architekten, den ich niemals kennenlernte, war sie begierig darauf, in den Klatschspalten der Journale erwähnt zu werden; doch hatte sie offenbar überdies noch eine andere Manie, die ich unbedingt kennenlernen wollte.

Ich war glücklich darüber, angelegentlich eines Festes, das alles bisher Dagewesene noch in den Schatten stellen sollte, im Hause eines milliardenschweren Industriellen empfangen zu werden. Funkelndes Zerbersten der aristokratischen Limousinen, kreisrunde Flucht der Reflexe, weiche Explosion der schneerosa Stoffe in den Scheiben, Ebenholz, roter Lack, Türkise, zartestes Gelb, Messing der Scheinwerfer, hysterisches Geschrei auf dem von Lichtblitzen zuckenden Asphalt:

Kru-breee-breee-breee, Kru-bree-bree. Wir treten gemeinsam ein. Großzügiger quadratischer Innenhof. Drei Wände, weiß und grün ausgeschmückt; diejenige auf der gegenüberliegenden Seite, die offenbar zu einem anderen Haus und einem anderen Besitzer gehörte, zog an allen Fenstern Schaulustige an. Sich steigernde Polyphonie der Stimmen. Parfums verdrängt vom Geruch allzu vieler weiblicher Körper. Ehrgeiz, Verwirrung von vierhundert kampfeslustigen Hüten, Federn, Gazen, Schleiern. Schiffbruch nackter Gesten. Herzklopfen weiblicher Möwen im Schaum der Fächer. Zunehmende Hitze. Innenleben einer enormen Seemuschel, deren eine Hälfte von der Augustsonne beschienen wird. Kein Platz war mehr frei, doch traten beständig neue Gäste ein. Ellenbogenstöße in die Hüften. Rote, goldene, quadratische und spitze Bärte streiften die Kugeln der Brüste, die gefärbt waren wie Federwolken bei Sonnenuntergang.

Lange, gräuliche Haare eines abgewrackten Dandys zwischen den scharfen Schulterblättern einer klapperdürren Pianistin mit schwarzem Stirnband und einem rot aufplatzenden Mund. Atemgemisch. Keuchen. Es verspricht, ein interessanter Abend zu werden! Außerordentlich! *Die Wiederkehr der Erde,* ein dramatisches Gedicht ... Es gibt keine Bühne! Etwas absolut Neues! Die göttliche Lettecot Livy wird nackt auftreten! Oder zumindest fast! Nur mit Blättern bekleidet! ... Die Verse stammen von ihr selbst! In der Mitte wird Erde aufgehäuft sein, richtige Erde! Tatsächlich hatte die Menge einen Kreis gebildet, einer Arena gleich. Ruhe! Ruhe! Eingekeilt in die wartende Menge bildeten meine Freundin und ich eine unverbrüchliche Einheit. Das Spektakel begann. Noch war nichts zu sehen. Bruchstücke von Versen erhoben sich aus dem Stimmengewirr, das aufgrund des Gedränges nicht still wurde. Plötzlich sah ich inmitten des menschlichen Blätterwerks die berühmte Livy sich grün aufrichten und ihre dicken nackten Armen mit schwarzer Erde um sich werfen. Sie stopfte sie sich sogar in den Mund, um sogleich in dramatischem Ungestüm auszurufen: »Man muss die Erde essen! Sich von Erde nähren, nähren, nähren! ... um nicht zu sterben!« Derweil öffnete sich vor unseren Augen ein Fenster im ersten Stock, und es erschien eine französische *concièrge* – eine jener typischen *concièrges*, die regen Anteil genommen hatten an den Schlachten der Mieter, die entweder für oder gegen Dreyfus gewesen waren. Unter die Achseln geklemmt trug sie einen langen Besen, die enormen Hände vor dem Bauch gefaltet, lachte sie bis zum Umfallen und sagte schließlich in die allgemeine Stille hinein: Ah, das ist zu viel! Irrenhaus! Ein Irrenhaus! ... Alle außer mir lachten, da ich vielleicht der Einzige war, der die dringende Notwendigkeit der allgemeinen Mobilmachung einsah. Meine Freundin sah mir in die Augen, sie begriff und sagte: »Ihr habt recht, dies alles idiotisch zu finden ... Nach einem solchen Spektakel bleibt nur noch die Sintflut.« Zwei matte, zimperliche Stimmen summten mir seit zehn Minuten in den Ohren. Austausch zärtlicher Worte, die eine Halb-Beziehung verrieten, ähnlich jener, die mich mit meiner Freundin verband. Ich blickte mich um und wurde einer dickbäuchigen Sechzigjährigen ansichtig, die mit ihrem rechten Arm liebevoll einen weibischen Jüngling an sich presste, pastellfarbene Wangen, wulstige Lippen einer alten Prostituierten, hellblaue kranke und zugleich ängstliche Augen unter einem wunderschönen blonden Haarschopf.

Zu meiner Rechten eine sehr bekannte Schriftstellerin, die sich in dreißig Jahren literarischer Teegesellschaften verflüssigt hatte, große Brüste wie ein Bug, die tölpelhaft in granatapfelfarbenen Samt eingewickelt waren, changierende Baumkrone eines orientalisch inspirierten Hutes. In ihrer Nähe, und zum größten Teil von ihr versteckt, sagte eine eindeutig zu zierliche, püppchenhafte Blondine (cremiges goldenes Lächeln feinen Glases) zu einem kahlen Bankier biblischen Alters, der die Frauen mit seiner rostigen Nase zu ergreifen pflegte (Segelboote oder Kanus):

— Oh! Ich finde durchaus, dass Geld ein machtvolles Aphrodisiakum ist. Das Geld ist der größte Liebesbeweis, den ein Mann unserem Geschlecht erbringen kann …

Wahrscheinlich war sie ihrem Schwimmvogel-Bankier treu, der ihr mit einem Jahresetat von 100.000 Francs erlaubte, über alle ihre Freundinnen zu triumphieren. Ohne Zweifel gab sie der Berührung der Stoffe und den Modejournalen voller Mannequins den Vorzug vor einem glühenden Tête-à-Tête mit dem verführerischsten Liebhaber der Herzen. Von Zeit zu Zeit lachte der Bankier schleimig, wobei bei jedem Lächeln zwei lange Goldzähne an seiner stets aufs Neue enttäuscht verzogenen Unterlippe sichtbar wurden.

— Um sich zu erregen, pflegt Ihre Freundin Rosalie sich mit dem Hörer über die Brüste zu streicheln, während ihr Freund zu ihr am Telefon spricht. Die Steigerung eines intimen Dialogs … Aber welch seltsame Manie, bei ihren normalen Liebesabenteuern Homosexuelle als Zuschauer hinzuzubitten! …

— Um die Grimassen des Abscheus zu studieren …

Eine Stunde später, im Automobil, schloss ich meine Freundin Julie de Mercourt leidenschaftlich in die Arme und sprach dabei zu ihr:

— Ich liebe die Einfachheit und hasse Komplikationen.

Ich ging zum Angriff über. Es gelang mir, mich mit ihr zu verabreden. Ich war nun felsenfest davon überzeugt, dass ich ihr sehr gefiel, ja ich spürte förmlich ihr

Aufgewühltsein in meinen Armen, ihre Begeisterung für meine geistigen Qualitäten, ihr Geschmeicheltsein ob meiner Glut. Wir trafen uns in einem Hotelzimmer. Alles geschah ganz natürlich. Es verwirrte und beleidigte mich jedoch, dass sie sich zwar zärtlich um mich wand, mir jedoch den Liebesakt mit einschmeichelnder Stimme verwehrte:

— Sei doch nicht so normal! Lass mich das Begehren auskosten!

— So willst du nicht die Meine werden?

— Doch, doch, eines Tages, bald, werde ich die Deine sein, so wie du es willst. Aber nicht jetzt, ich beschwöre dich, es wäre, als nutze man die Begierde vor der Zeit ab! Lass mich! Lass mich die Begierde auskosten!

Fügsam ließ ich mich eine Nacht lang auf das raffinierte Spiel ein. Doch bereits bei unserem zweiten Treffen zwang ich meiner Freundin brutal die schöne und gesunde Normalität auf. Unglücklicherweise gibt es auch in Italien abnorme Frauen, die ihre sexuellen Instinkte in tausend pseudo-originelle Seltsamkeiten kanalisieren. Vor zwölf Jahren wurde ich von einem Freund in einen römischen Salon der päpstlichen Aristokratie eingeführt, der heute nicht mehr existiert. Die sehr reiche Hausherrin war eine normale Brünette, jung und von durchaus gewöhnlicher Schönheit. Ich wurde intim mit ihr, und es gefiel mir, bei ihr zu Mittag zu essen, denn ihre Tischgesellschaft hielt eine reichhaltige Auswahl an typischen und durchaus interessanten Prälaten bereit. Man aß selbstredend sehr gut und die Weine, die als wunderbarer Sprengstoff der Phantasie und des Fleisches sorgfältig aufbewahrt und dargereicht wurden, taten das ihrige, um jede verbale Scham hinwegzufegen. Der Ehemann, schwärzer als schwarz, fettig, schlaff, kränklich, fünfzigjährig und bereits Invalide, schob seine kurzen Beine hin und her, seine großen Hände geöffnet zu einem unsichtbaren Handkuss. Ein uralter Kardinal, klein, bucklig, krumm wie eine blutige Zahnwurzel. Ein runder Bischof, der nach jedem Gang selig vor sich hin schlummerte. Dann jedoch, wenn pünktlich zum Dessert der Rosenkranz unanständiger Witze begann, erwachten sie alle und packten ihren Körper, ihre Seele, ihre Augen und ihre Worte aus – die ersten im wahrsten Sinne des Wortes noch verschleiert. Dann, trotz des enormen Kruzifixes aus Elfenbein, das an der dunklen Wand glänzte, wurden im hellen Licht der Tafelrunde die vollmundigen Beschreibungen langsam päziser, und alle lauschten mit niedergeschlagenen Augen, die unverwandt auf die *Benedictine*-Gläser authentischer *Chartreuse*-Produktion starrten. Die Hausherrin spitzte, voller Begierde auf Schlüpfrigkeiten, beide Ohren. Meinen ersten Triumph feierte ich mit drei oder vier pikanten Geschichten. Am Abend des Sankt-Anna-Tages, ihres Namenstages, improvisierte ich in ihrer Villa in Tivoli, im Schutze dichter Olivenbäume, von denen ein intensiver, glücklicher Mondlikör ausströmte, folgendes Gleichnis. Der Ehemann weilte in Rom. Der runde Bischof war unter der unerträglichen Last der Speisen in sich zusammengesackt, er schlummerte in seinem Korbstuhl und verlieh meiner Erzählung durch das komplizierte Rumoren seines schnarchenden Schlundes einen ganz und gar unverwechselbaren Rhythmus:

(zensiert)

Die Frau und der Futurist

In aller Eile habe ich die gesamte Raffinesse und alle nur erdenklichen erotischen Komplikationen von Rom bis Paris erforscht. Ich bin stolz darauf, sie unbefangen und ohne zivilisatorisches Vorurteil genossen zu haben, und es macht mir rein gar nichts aus, entweder als glücklicher Barbar, als brutal, als Einfaltspinsel oder gar als Naivling angesehen zu werden. In Wahrheit jedoch bin ich nichts weniger als naiv, denn die sinnliche Mechanik des weiblichen Geschlechts will mir trotz seiner unzähligen literarischen Verzierungen, des Flitters, der Federbüsche, des Sich-Zierens, die sie nur notdürftig verhüllen, stets als absolut elementar erscheinen.

Welcher Qualitäten bedarf es also, um möglichst viele Frauen zu verführen?

Alle, über die ein italienischer Futurist natürlicherweise verfügt. Einen agilen, starken, aggressiven Körper. Militärisch gestählte Muskeln. Die Eleganz und den wunderbaren Haarschopf Bruno Corras beziehungsweise die elektrische Kahlheit Marinettis. Machtvolle Vitalität. Die gesamte Halbtonleiter der männlichen Stimme. Eine reich ausdifferenzierte Gestik. Genügend Geld, um eine Kutsche oder ein Taxi und natürlich ein Hotelzimmer von unten nehmen zu können. Ausgeprägte rednerische Fähigkeiten. Einen innovativen Geist. Die Bereitschaft, im rechten Augenblick jemandem eine Ohrfeige zu verabreichen, und insbesondere Mut, Mut, Mut, Willenskraft, Mut, Mut. Niemals pedantisch, professoral, kulturell daherkommen. Instinktiv alles hassen, was deutsch ist. In allen Lebenslagen als Improvisationskünstler auftreten, entschieden und stets geistesgegenwärtig. Halbheiten hassen. Die Frau als Schwester des Meeres ansehen, des Windes, der Wolken, der elektrischen Batterien, der Tiger, der Schafe, der Gänse, der Teppiche, der Schleier. Sie unter keinen Umständen als Schwester der Sterne betrachten … Gewiss, sie hat durchaus eine Seele, die aber direkt von der Länge ihres Haares abhängt, diesem Leitungsdraht im Wirbelsturm. Sie denkt, arbeitet, hat einen eigenen Willen; auch sie bereitet den geistigen Fortschritt der Menschheit vor. Dabei ist sie jedoch im Grunde rezeptiv. Sie liebt und erfühlt denjenigen, der sie am heftigsten begehrt, mit ihrem natürlichen Instinkt. Sie bewundert die Kraft des Mutigsten, des größten Helden. Heldentum: Dies ist das vornehmste Aphrodisiakum der Frau! … Deshalb kann man auch erst jetzt, im Zuge der allgemeinen Mobilmachung, die Frau wirklich genießen und zur Gänze erfassen. Deshalb sind während unseres großen hygienischen Krieges, bei dem es um das Erreichen unserer nationalen Ziele geht, die neutralen Italiener (germanophile Professoren und Philosophen, sozialistische Offiziere, Untätige) alle oder fast alle Gehörnte. Um dieses bewegliche, luftige, emporschnellende und futuristische Buch nicht mit Kot zu beschmutzen, habe ich es geflissentlich vermieden, von all den Ehefrauen der Neutralen zu sprechen, denen ich ganz und gar unbefangen und sozusagen im Schnellverfahren die Unvermeidlichkeit der Intervention eingeschärft habe! … Es sind fade und banale Abenteuer. Lauwarme Frauen, verdummt von ihren friedensbewegten Männern, von ihrer Knausrigkeit, ihrem Egoismus, ihrer Schwunglosigkeit, ihrem Bürokratentum, ihrer Pedanterie, sie waschen sich selten, haben hässliche Hände und ihre bevorzugte Lektüre ist *La Stampa* und das *Popolo romano*. Dies mag genügen. Mit der Unbeholfenheit eines deutschen Diplomaten gaben diese Frauen sich mir hin und hofften dabei, mich zur Beliebigkeit zu bekehren …

Eine wollte mich von der Idee eines ruhmreichen, sprich deutschen Friedens überzeugen. Ich entgegnete ihr, dass ich ihr einen Tritt versetzt haben würde, wäre sie keine Frau gewesen – ebenso wie jeder etwas auf sich haltende Italiener, wenn er einem sozialistischen Offizier begegnet, ihm einen gehörigen Tritt versetzen muss.

Wollt ihr die Frauen verführen? …

1. Hütet euch davor, das Spiel des Lebens zu gräzisieren!
2. Byzantisiert euch auf keinen Fall!
3. Hasst ausnahmslos Ruinen, Museen, Nostalgie, Tränen, Professoren und alles Pedantische.
4. Seid originell, vielfältig, bunt, hellseherisch, geistesgegenwärtig, mutig, tollkühn, erfinderisch – stets und in allen Lebenslagen.
5. Seid Italiener, also Feinde des Sentimentalen, des Klerikalen, des Philosophenhaften und des Sozialismus.
6. Bekennt euch zum Futurismus!

Frauen, gebt den glorreich Verstümmelten den Vorzug!

Frauen, ihr habt die Ehre, in einem männlich-futuristischen Zeitalter zu leben, einer Epoche ausgemerzter Nationen, dem Erdboden gleichgemachter Städte, ausgewanderter Völker, geschlagener Truppen, gesprengter Berge und gefangengenommener Armeen.

In dieser wunderbar treulosen, schnellen, dissonanten und unsymmetrischen Zeit fällt und stirbt endlich die idiotische Harmonie des menschlichen Körpers.

Die Kanonen haben den antiken Statuen ihre statisch neutrale Schönheit genommen, die sich, wie Griechenland selbst, inmitten jener zitternden Oliven verborgen hielt, welche die haarspalterischen Ufer des idiotischen Hellesponts beschatten.

Die Unterseeboote haben die letzten Tritonen torpediert. Das Meer wurde vom professoralen Hellenismus und von der Berliner Mythologie befreit und ist heute stark, gesund und jodhaltig; vom Blitz getroffene Fische schwimmen in ihm, heldenhaft werden die Vibrationen großer Seeschlachten fortgesetzt.

Frauen, vergesst Apollon, der heute Apollo Gunaris heißt, vergesst Paris, dessen Name heute Paride Sculudis ist! …

Die dynamische Asymmetrie des vom Feuer gemeißelten und gefeilten Gebirgsjägers soll in eure Herzen und in eure erneuerten Sinne dringen.

Frauen, ihr sollt der unversehrten und dennoch dem Vorwurf der Feigheit ausgesetzten Männlichkeit die glorreich Verstümmelten vorziehen. Liebt sie glühend! Ihre Futuristenküsse, die aufgeladen sein werden mit hellblauer Elektrizität und inspiriert wie der Blitz, wenn er Menschen, Bäume und jahrhundertealte Ruinen trifft, werden euch mit Nachkommen aus Stahl beschenken.

Die Kugel ist wie ein zweiter Vater des Verwundeten. Sie zwingt ihm ihren Charakter auf. Sie lässt in seinen Fasern einen Atavismus brutaler Gewalttätigkeit zutage treten sowie die Geschwindigkeit des Feuers.

Ruhm der menschlichen Haut, die vom Maschinengewehrfeuer zerrissen wird! Entdeckt ihren rauen Glanz!

Lernt ein Gesicht zu bewundern, auf dem sich ein Stern ausgedrückt hat! …

Nichts Schöneres als ein leerer welliger Ärmel, der auf der Brust zusammengefaltet ist und aus dem trotz allem die angriffsbereite Geste spricht!

Frauen, liebt die blinden Helden!

Ihre Augen sind verbrannt, während sie die unerträgliche Sonne der italienischen Ehre erblickten! Streichelt ihre verschnörkelten Stirnen. Umarmt sie auf der Straße! … Begrüßt sie liebevoll! Bewundert sie! Es liegt allein an euch, an euren Lippen, sie zu vergöttlichen!

Ruhm dem Blinden, der seine Augen den Schatten übergeben hat, auf dass Italien strahlendere und wachsamere Söhne heranwachsen mögen!

Ruhm dem Verstümmelten, dessen Schritte schwanken, als laste jenes Stück Italien, das er Österreich entrissen hat, auf seinen Schultern, ja als werde er diesen Druck sein ganzes Leben lang nicht mehr los!

Ruhm den Verstümmelten, die zwischen zwei Krücken das Gleichgewicht halten, gerade so, als verachteten sie es, zu laufen, ja als wollten sie gar einen vortrefflichen Flug wagen!

Frauen, tragt dazu bei, dass jeder Italiener beim Abschied sagen möge: Ich will ihr bei meiner Rückkehr eine schöne Wunde darbieten, die ihrer würdig ist! … Ich will, dass die Schlacht meinen Körper für sie umgestaltet! … Ich will für sie von den feindlichen Granaten und Bajonetten gezeichnet werden! …

Frauen, der Verstümmelte, den ihr küsst, wird euch niemals atemlos, besiegt, skeptisch und ausgelöscht erscheinen, weil er in sich die bewegten Spuren und die brennende Atmosphäre des Getümmels trägt und sich in seinen Augen die jubelnde Freude spiegelt, die Österreicher mit seinem Bajonett aufgespießt zu haben.

Dies ist keine Romantik, die den Körper im Namen einer ästhetischen Abstraktion verachtet. Dies ist der Futurismus, der den vom Krieg veränderten und verschönerten Körper verherrlicht.

Lasst uns die alte symmetrische Ästhetik zerstören. Heute ist die Geburtsstunde einer neuen asymmetrischen und dynamischen Ästhetik.

Bei dem Versuch, die vom Frieden farblos gewordene Menschheit mit Heldentum zu kolorieren, sind wir dankbar über die Mithilfe des mechanischen Krieges. Wir erneuern die quietistischen und pazifistischen Städte durch die gewaltsam emporschnellenden Linien der Schlachten, die sich in den menschlichen Körper eingeschrieben haben.

Die Chirurgie hat bereits mit der großen Verwandlung begonnen. Schenkt man den Worten Carrels Glauben, so hat der chirurgische Krieg blitzartig die physiologische Revolution vollendet. Verschmelzung von Stahl und Fleisch. Fleischwerdung des Stahls und Stahlwerdung des Fleisches des vielfach multiplizierten Menschenleibs. Körpermotor der unterschiedlichen, auswechselbaren Teile. Unsterblichkeit des Menschen! …

Frauen, liebt die glorreich Verstümmelten; tut es ihnen gleich und nehmt selbst am Krieg teil!

Auch ihr! … Auch ihr in die Schützengräben! Ja! Mindestens eine Million der belastbarsten Frauen in die Schützengräben! Alle diejenigen, die nicht unbedingt bei der Aufzucht der Kinder und in der Landwirtschaft benötigt werden! Wir haben vollstes Vertrauen in eure körperliche Kraft und in euren Mut! Ja, in die Schützengräben! Es ist völlig absurd, dass ihr jahrelang auf eure kämpfenden Männer wartet und sie betrügt!

Loten wir auf diese Weise das Kräfteverhältnis der Geschlechter neu aus! Auch ihr sollt Verantwortung übernehmen, ihr Frauen Italiens, wenn ihr für würdig erachtet werden wollt, einen glorreich verstümmelten Italiener zu lieben!

Gruß eines bombardierenden Futuristen an die italienische Frau

Meine Geliebte, du Summe all dessen, was Italien ausmacht.

Mein Italien, Summe all dessen, was die Welt ausmacht.

Fiebriger Schwung der schlanken Halbinsel, die von den schlauen Kräften des Meeres geformt wurde.

Italien, du wirst mich über das grausame Alter hinwegtrösten.

Ich, der lebendigste Jüngling, der um deine Schönheit weiß, deine noch größere Schönheit, deine noch größere Größe, deine noch größere Kraft, werde trunken vor Glück sein und die Jahre nicht nur ertragen, sondern eines nach dem anderen im Sturme erobern.

Wen kümmern schon das Verblühen, das Altern und das Sterben, wenn du nur lebst.

Mit den Kurven deiner Golfe voller glücklicher Wasser, glücklicher Boote und von glücklichen Sternen übersäter Nächte.

Bergtäler für deine bewegten Wasser und Ebenen für das Rasen deiner Wasserläufe.

Lächeln der höchst intelligenten Freunde. Wohlklang der geistreichen warmen präzisen Stimmen. Eleganz der Gesten. Schritte junger hochgewachsener Männer, stark, raubvogelhaft, katzenartig.

Zum letzten Male küsse ich dich, meine Geliebte, Summe des großen Vaterlandes.

Größer und größer werdend im immer größeren und heftigeren Begehren.

Nackt und glühend liegst du auf dem Bett, Meer, Hoffnung, Frühling – hingestreckt unter der Sonne im Zenit, die steil auf das italienische Genie scheint.

Fieber deines Blutes, Fluss pulsierender Gesundheit in den schattigen Quellen deines Haares und der Kurven deines Busens.

Rasende Begierde deines Fleisches, leichte Schritte in den glühenden Räumen, die offenstehen, um die sizilianische Nacht zu trinken, mit ihren Vulkanen über dem Meer und ihren brennenden Wäldern in den Bergen.

Frischer Hunger auf deine Meeresaugen, Geschrei der Schwimmer in der Weite der Golfe, italienischer Klang des Echos.

Du, meine Geliebte, musst mich rufen, auf dass ich aufbrechen möge, um für das große Vaterland zu sterben.

Du, Summe des eleganten duftenden geschmackvollen Italiens, sollst bald den ganzen Geschmack, den Duft, die Wärme und das Licht Italiens in dir zu einem einzigen Augenblick bündeln und mir in einem Kusse schenken.

Dies möge bald geschehen und dein Kuss sei gesättigt von den vergangenen tausend Jahrhunderten und möge die ungeheure Größe unserer Zukunft enthalten.

Sodann … sollst du verschwinden, dich verflüchtigen, dich verstecken, reglos, ohne eine einzige Träne zu vergießen.

Oh weine nur, ebenso wie in uns das grenzenlose Begehren weint und das Warten darauf, Italien beständig zu verschönern.

Es gilt nicht das, was war, noch das, was wir waren, sondern nur das, was wir einmal sein werden.

Die Römer eroberten das gesamte Mittelmeer und verloren es wieder. Heute schlagen sie sich in Operetten.

Als Italiener sind wir ohne jedes Recht, aber mit der ganzen Lust und Kraft, Meere in Besitz zu nehmen, die italienisch sein müssen, um unsere wunderbare Halbinsel in die Frische des Abends zu führen wie ein sich wiegendes Boot. Ich verlasse dich trunken von dir, denn du bist das wahrhaftige Abbild des schönen großen Vaterlandes, das man nur sterbend, mit dem Gesicht zur Erde, besitzen kann.

Romantik dies? Vielleicht. Doch was tut das schon zur Sache?

Dies ist der göttliche Futurismus Italiens!

Indem ich dich für immer verlasse, schmecke ich deinen Mund und das Glück aller zukünftigen Nachmittage, die sich kreuzenden Strahlen Italiens auf den von der stolzen italienischen Sonne geweiteten Plätzen mit ihrem Klang energischer Schritte.

Sterben ja … um sich ganz und gar der Freude über die kommenden, noch größeren Italiener hinzugeben!

Du bist so schön, dass ich dich bald pflücken, essen, trinken werde, oh mein schönes Italien, um meinen Durst zu stillen, bevor ich dem Tod erneut ins Antlitz blicken werde, ein berstendes Lachen auf den Lippen, zerschellt von einer Bombe des italienischen Bombengeschwaders! …

DENNOCH! … Alles sei, als sei es nicht gesagt worden:

1. Wenn du in deiner provinziellen Dummheit darauf bestehst, alles anzuhimmeln, was ausländisch ist.
2. Wenn du in deinem eingefleischten Snobismus die Parfüms von Coty den wunderbaren Parfüms von Erba vorziehst und die Pariser Toiletten den wundervollen italienischen Toiletten. Wenn du Champagner (Gift für den Magen) und ausländische Weine den gesunden elektrisierenden italienischen Weinen vorziehst, dem Asti, Capri, Marsala, Chianti, Barolo, Cinzano, Barbaresco etc.
3. Wenn du das Denken und die natürliche Schwungkraft des Menschen mit einem gewöhnlichen, heuchlerischen und klerikalen Moralismus einwickelst.

4. Wenn du eifersüchtig die Energien des Menschen erstickst, statt sein Streben nach Reichtum und Abenteuer anzustacheln.
5. Wenn du deine Kinder durch Ängstlichkeit erstickst, statt sie zu kühnen Taten und zur Beweglichkeit zu ermutigen.
6. Wenn du deine durch und durch mittelmäßigen Vorstellungen von einem schüchternen, weinerlichen, neutralen und nostalgischen Leben aufrechterhältst.
7. Wenn du in deinem Hass auf alle Neuerungen und auf tollkühnen Mut den Tod dem Leben vorziehst, die Lauheit der Glut, die Museen und die alten Bilder der modernen Kunst, die akademischen Maler den jungen Erneuerern.
8. Wenn du fortfährst, den elektrischen futuristischen Schwung zu behindern, den erneuernden, kriegerischen, revolutionären Flugzeugschwung der italienischen Rasse.
9. Wenn du die Frau aus den Romanen Fogazzaros bleibst: feige, unentschieden, heuchlerisch, voller Gewissensbisse, neutral, konservativ, reaktionär. Ich-will-ich-will-nicht, ich-werde-ich-werde-nicht, ich-werde-die-deine-ich-werde-die-deine-nicht-sein, vielleicht-morgen-ein-bisschen, bis-zur-Brust-aber-nicht-weiter-unten.
10. Wenn du die Frau aus den Romanen d'Annunzios bleibst: versnobt, eitel, leer, oberflächlich, kulturbeflissen, gelangweilt, desillusioniert, besessen von Paris; die Frau, die, um zu lieben, Orchideen braucht, Coty, Paquin, Mallarmé, Oscar Wilde, Wagner, Verlaine, Baudelaire, archäologische Spaziergänge, berühmte Ruinen, Sadismus und Inzest.
11. Wenn du uns nicht hilfst, all die schönen Freiheiten zu erringen, die wir Futuristen dir anbieten wollen: Wahlrecht. Abschaffung der Autorität des Eheman-

nes. Einfache Scheidung. Abwertung und graduelle Abschaffung der Ehe. Abwertung der Jungfernschaft. Systematisches und erbittertes Lächerlichmachen der Eifersucht. Freie Liebe.

Simultane Novellen

11 Küsse für Rosa di Belgrado

Aus den *Novellen mit geschminkten Lippen*

Der Wettstreit der Lippen

Das Tanzvergnügen in der deutschen Botschaft zu Paris wird sicherlich allen Gästen in unvergesslicher Erinnerung bleiben. Luxuriöser Überfluss der Stoffe, Federn, Musiken, Tänze, Parfüms, Tasten der sprechenden Hände, Ampelblicke, Wettkämpfe des Lachens und der Perlen, Meeresabgründe der Smaragde, Abenddämmerung der Türkise, Wimpern tropischer Wälder, Pagodenwimpern, Rubine der Verbrechen, Schultern zu Rutschbahnen für Wasserflugzeuge, in den Fensternischen verliebtes Gedränge um die stupende Schönheit der Frauenmünder. Alle Welt hat sich bewaffnet für den weltweiten Wettstreit, den die Zeitungen seit geraumer Zeit mit poetischer Insistenz angekündigt hatten.

Der Preis, der in einem Schaufenster in der Rue de la Paix ausgestellt war, ein skurriles Juwel in Form mechanischer Frauenlippen, versetzte ganz Paris in Wallungen. Um ihn zu ergattern, hatte ein wollüstiger Dämon in die Münder der Damen gefeuert, hatte ihre Blässe entzündet und sie in eine mit Blut gesprenkelte Schneelandschaft verwandelt. Den Damen gegenüber, aufgestellt in Reih und Glied, zerkauten die Herren – enorme schwarze Insekten in Frack und eisig blendender Hemdbrust – schmackhafte Definitionen:

— Welch wunderbar aufständischer Mund.

— Wohin sind Mund-Synthese und Mund-Meeresmorgenröte entflohen?

— Mir ist jene schamhafte Hommage an die Provinzlippen lieber.

— Auch jener Mund, der sich selbstbewusst dem Wind entgegenstellt, ist keineswegs zu verachten.

Defilée radschlagender Lippen, schach- und gitterförmiger, Lippen wie Pfeile, Frage- und Ausrufezeichen.

Gedränge der Paare. Stampfen. Langsames Rudern der Ellenbogen. Der Wettstreit der Lippen entzündet sich an den Soßen des chinesischen und den Süßigkeiten des russischen Tisches, um schließlich am italienischen Tisch seinen Hunger zu stillen.

Die Farbenpracht des tosenden Jazz-Salons ließ unwillkürlich an einen Schlachthof der Münder denken, die hingebungsvoll an den verrückten Zärtlichkeiten der Musik hingen.

In ihren Fräcken saßen die Musiker an den von Schminkutensilien, Brillen, Bärten, Perücken und Federbüschen überbordenden Toilettentischen. Vor jedem von ihnen hielten die tanzenden Damen eine Minute lang inne, und zur Belohnung wurden ihre weiblichen Lippen dafür von ihnen mit der passenden Musik angefeuert. Unter der Maske ozeanischen Gelächters stößt das Saxophon ein zur Karikatur verzerrtes Gröhlen hervor, und der Mund, der ihm dabei zuschaut, rötet sich maliziös. Der Banjospieler trägt die unförmige Maske eines verrosteten Schlosses. Ein Affengesicht bringt eine Hawaiigitarre zum Aufheulen, deren zitternde Schluchzer an ein aufgewühltes Meer gemahnen und ein untröstliches Lippenrot sogleich zu Tränen rühren. Mandolinenbegierde der Balalaikas und Ukulelen für eine erschöpfte Slawin, auf dass sie nicht ohne ein letztes Aufflammen ihres Mundes von dieser Welt gehen möge. Geschwätz und unablässiger Klatsch der Geigen, scharlachrotes Lächeln. Es stürzen, um die weißen Zähne des Flügels zu brechen, die großen und kleinen Trommeln hinzu, die Triangeln, Becken, Rasseln, Ratschen und Hupen.

Dröhnendes Gelächter aus hundert weiblichen Mündern beim großen Tusch, das wie das Miauen einer verwundeten Katze langsam abebbt.

Militärkapellentrompeten und Elefantengeschrei feiern die aufgeworfenen Lippen einer tizianischen Schönheit, die in Wahrheit eine weiß geschminkte Negerin ist. Stopp. Sich zur Ordnung rufen. Der Jazz verlängert nun das nasale Klagelied tropischer Insekten bis in das monotone Kolbenstampfen eines mechanischen Waldes hinein. Atempause der Lippen im Mondenschein, dazu Puccini, Gounod, Gesang zum Rattern eines nächtlichen Wagens mit quer auf ihm liegender Selbstmörderin. Akustisch untermalt wird das Szenarium von einem Rascheln aus Seide, Fleisch, Samt, Spitze, Federn und Armreifen.

In einem Raum, den die Paare nicht in Beschlag genommen hatten, war meine Unterhaltung mit dem jugoslawischen Militärattaché auf dem Siedepunkt angelangt, alle sozialen Schranken waren gefallen. Obwohl die Frauenmünder, die uns umgaben, unser Gemüt eigentlich hätten erweichen müssen, schossen Worte wie Stahl aus unseren Mündern. Nervosität der Finger. Gestolper letzter Euphemismen. Kreisrundes Kristall einer fest verschlossenen Stille inmitten des festlichen Getöses. Wie ein Flötenton durchbrach sie eine Frauenstimme aus dem Hintergrund:

— Franz, il ne faut pas vous fâcher ainsi! Vous troublez trop mes lèvres! Je ne veux pas rater mon prix!

Ich drehe mich um. Beben der Brust. Aufwallen des Blutes. Furcht zu sterben, ehe … Ekstase der Augen. Ich zitterte in der elektrisierenden Atmosphäre einer außerordentlichen Schönheit.

Während mir Franz, der Attaché, die Prinzessin Rosa di Belgrado vorstellte, versuchte eine geheimnisvolle Klugheit an meinen Nervenenden Klarheit über den Ursprung meiner Verwirrung zu gewinnen, die sich in konzentrischen Kreisen von ihren leuchtend roten Lippen ausgehend ausbreitete. Aus ihren blassen Armen und Schultern schossen Blitze hervor, die wie spindelförmige Strände im Dämmer lagen, unter einem kreisenden Knotenpunkt schimmernder Juwelfanale, deren Helle von den in See stechenden Schiffen herrührte.

Das schwarze Haar mit seinen störrischen Wellen schien die sprühende Intelligenz jener großen blauen Augen, die von der teuflischen Weichheit ihrer siegesgewissen Lippen Lügen gestraft wurde, vor dem Neid der Sterne zu bewahren.

Kameliengleiche Blässe, gepudert mit Sternenstaub. Vollkommenes Oval. Wiehernde Nüstern. Schlank. Wellenförmig. Ihre zarten Brustwarzen hatten sich in den stillen Dünen weiß changierender Seide verschanzt, die ein parfümiertes Dickicht in den Karawanen der Begierde verhieß.

Wie ihre Lippen beschreiben? Vielleicht am ehesten mit den Metaphern orientalischer Wollust!

Ich bemühte mich, sie nicht anzuschauen, gewillt, jenes gefährliche Faszinosum dem violetten Tremolo ihrer ein klein wenig unreif klingenden Stimme gutzuschreiben, einer kindlichen Stimme, die kindlicher als jede Kindlichkeit, gerade dabei war, den Stiftern des Preises ihren Dank auszusprechen.

Ich kostete von ihrer Stimme wie von einem köstlichen Konfekt, während ich, ohne sie zu begreifen, die folgenden Worte aus ihrem Munde vernahm:

— Ich habe zu viel getanzt. Ich habe Fieber. Lassen Sie uns in den Garten gehen. Diese Räume erinnern mich an meine letzte Reise.

Ich reichte ihr meinen Arm. Unter den belaubten Tunneln sagte sie nichts. Wie betäubt starrte ich auf ihre Lippen, die mir von den tragischen Aspekten des Zusammenlebens mit ihrem Ehemanne sprachen, dem Bankier Fell, der später auf dem zerbrochenen Flügel seines Privatflugzeugs sein Leben verlor.

Im Fortgehen ließ sie mich zerstreut wissen:

— Dans votre vie oublieuse: Erinnern Sie sich der einzigen Frau, die es nicht nötig hat, sich die Lippen zu schminken. Mit den Zähnen und mit meinen Träumen färbe ich mir die Lippen. C'est mon chic!

— Ich werde Ihnen schreiben, wie ich über Ihren *chic* denke und über die Art und Weise, ihn zu vervollkommnen.

— Ja, schreiben Sie mir! Adieu!

Auch sie würde am folgenden Tage abreisen.

Der Turm-Kuss

1. Brief an Rosa di Belgrado

Es ist mir durchaus bewusst, dass Sie aufgrund Ihres vertrauten Umgangs mit Botschaftern die diplomatische Langsamkeit regelrecht hassen müssen. Deshalb will ich ohne Umschweife zur Sache kommen.

Sie gefallen mir. Und also ist es mein Ziel, Sie für meine Person und meinen überragenden Geist einzunehmen. Es sind in solchen Fällen stets die fleischlichen Wege, die ich zu beschreiten pflege. Sie sind die wankelmütigste aller Frauen und als solche gefällt es Ihnen natürlich, einen unwillkommenen Liebhaber, dem ein leidenschaftlicher orientalischer Kuss nicht gelingen will, aus dem Sattel zu werfen. Habe ich recht, ist dies nicht der wahre Sinn jenes Abschiedssatzes, in dem Sie sich Ihres Lippenrots rühmten?

Könnten Sie sich nur dazu entschließen, mich zu lieben, so raubte ich Ihnen wohl Ihr Lieblingslamm, um es unverzüglich in den Burggraben einer mittelalterlichen Festung zu schleudern. Sodann forderte ich Sie auf, gemeinsam mit mir im spiritistischen Zwielicht des Dorngestrüpps der alten Böschungen nach ihm zu suchen. Wenn wir das Lamm schließlich wiedergefunden hätten und ich Ihre blutig-trunkenen Hände endlich in die meinen schlösse, wäre der Moment gekommen, Sie eine jener Wendeltreppen hinaufzutreiben, die als zu Stein geronnene Gewissensbisse die sieben alten Türme und deren nervösen Himmelsdurst peinigen.

Kaum aus der Dachluke hinausgestiegen, werden unsere Augen eines von Eulen und Geiern übersäten Geländers inne, auf denen die schwarzen Vögel, umrahmt vom grünen Lack des Abendhimmels, schlafen. Unverzüglich ergreife ich die Gelegenheit, Sie zu umfassen und dabei genüsslich Ihren Mund zu verspeisen.

Ein von Türmen gegürteter harter Kuss, scharf, knusprig, kreuzförmig. Ja, in der Tat, ein Kuss in Form eines Kreuzes.

Es sind uralte christliche Ängste, die den Angriff auf die heiteren Spalte einer türkischen Seele befeuern, höher und höher steigend auf der flüssigen Leiter mediterraner Nervenstränge. Erdolchter Mund!

Von den Rosenstöcken im Graben dringen Schreie bekrallter Düfte, derweil Sie, eng an meine Brust geschmiegt, das große weiße Kreuz des gekreuzigten Königs zu erhaschen suchen, der ich um das Jahr 1000 war, als ich zur Dämmerstunde zwei geschlagene Stunden brauchte, um den Keuschheitsgürtel einer Ihrer bezaubernden Vorgängerinnen zu lösen, um mich sodann eines Pferdes zu bemächtigen, das, beschleunigt durch modernste Aufnahmetechnik, mir erlauben würde, mich gegen die Amseln eines hollywoodianischen Jerusalem zu schleudern.

Der gymnastische Kuss

2. Brief an Rosa di Belgrado

Heute Nacht träumte mir von Ihnen. Ja, Sie waren es, zweifellos, Rosa di Belgrado.

Frei von jedem slawischen Anfluge, ganz und gar italienisch. Eine anmutige italienische Marquise in ihrer Villa, deren Steine in der Septembersonne glühten, am Fuße eines Apenninenhügels, der unter den Blicken auf die Silhouette der Stadt Florenz gleichsam immer weicher und eleganter wurde.

Im Traum bin ich Ihr Gymnastiklehrer.

Blass und fiebernd bitten Sie mich ob Ihrer unüberwindlichen Abneigung gegen die Sonne darum, Sie in der folgenden Nacht in die hohe Kunst der Trapezartistik einzuführen. Ach wäre es nur eine frische, vom illusorischen Schnee des Mondscheins erleuchtete Nacht, denn mit Ihren leicht verschwitzten Händen fürchten Sie berechtigterweise, den Halt zu verlieren am glatten Gestänge des Turngeräts.

Nur für Sie werde ich mir eine elastische, hygienische Seele wachsen lassen. Mit einem zum Äußersten bereiten, soliden Bizeps aus Moral. Zwischen den beiden zweitausendjährigen Eichen im Park Ihrer Villa, deren tiefschwarze Schatten das gleißende Milchlicht der Kieswege und Teiche aufspießen, schwingen Sie auf der Schaukel hin und her, kreisend, beflügelt, als wollten Sie sich den Engeln opfern. Und ich? … Ich werde es Ihnen gleichtun.

Darf ich mir erlauben, Ihnen bei dieser Gelegenheit einen Ratschlag zu erteilen: Wehren Sie sich, fliehen Sie mich jedes Mal, wenn ich Sie im Schaukeln streife und dabei versuche, die Stricke zu ergreifen. Erst beim dritten meiner Versuche wird sich nämlich ein Wunder ereignen, beziehungsweise eine Fatalität, bin ich doch lediglich Ihr sehr ergebener Gymnastiklehrer.

Meine Hände spüren, wie ihr heißer sinnlicher Rücken sich mir entwindet, weit, weit, wie Regen von anderen Zweigen oder von den Sternen, zwei Lippen von außerirdischem Aroma.

Wem mögen sie gehören?

Es sind nicht die Ihren. Nein! Von Eis und Feuer durchdrungen wie der Verrat des Luzifer. Tausend Wälder voller wilder Veilchen, die man in einen Vulkan wie in einen Backofen schöbe, würden kein wütenderes Parfüm erzeugen als jenes, das unsere vier verschmolzenen Lippen nun belagert.

Trotz der Explosionen des Genusses bleiben meine Lippen militärisch gedrillt, während die Ihren sich entlang des Flusslaufs winden, der Ihren Park leckt und zu den Zahnrädern jener blühenden Mühle fließt, in der mein Leben sich in das Mehl für Ihr tägliches Brot zu verwandeln trachtet.

Der unterirdische Kuss

3. Brief an Rosa di Belgrado

Meine schöne Reisende, ich möchte Sie auf die schwarzen Wasser des Orinoco geleiten, wo mein bärtiger Freund, der Flieger Keller, dem gründlich die Lust vergangen ist, durchaus antiquiertes Nachtgeschirr auf durchnässte Parlamente abzuwerfen, unser Führer auf der Suche nach Gold sein wird.

Die Sande des Rio Negro sind voll davon. Auf zwei zwischen Palmen gespannten Hängematten werden wir dösend den prächtigen Staub der europäischen Hochfinanz sieben. Von Zeit zu Zeit, und ohne Keller, der vollkommen mit dem Zählen seiner heiligen Säckchen beschäftigt ist, küssen wir uns solcherart, dass wir versuchen, mit unseren Zungen das tragische Sternengold unseres Speichels an den heißen Ufern unseres Blutes ans Tageslicht zu befördern.

Unterirdischer Kuss, der mit einer Spitze scharfer Verzweiflung hinab in den allertraurigsten Schmerz des Lebens stößt. Auf unsere Münder stürzt das starke Aroma von Zimt hernieder, den der indianische Bedienstete in einem Topf, der über einem harzig knisternden Feuer hängt, mit Fleisch und Reis vermengt.

Auf den bedrohlichen Zweigen der bauschig überbordenden Vegetation ist der Himmel eine Flucht aus erschrockenem Gold.

Vor unseren diebischen Augen schwärzt der schwüle Wald seine nächtlichen Windungen und meine bewaffneten Hände.

Aber natürlich halte ich Wache, damit Sie nicht auf die kosmopolitische Idee verfallen, mich womöglich mit dem stinkenden Indio zu betrügen oder mit seiner unglückseligen Soße.

Der sardische Kuss

4. Brief an Rosa di Belgrado

Ich entsinne mich ganz genau des weißen Kleides, das Sie an jenem Abend trugen.

Blütenweiß, nicht rein. Ihre Erscheinung war weiß, wie man so sagt.

Fest steht, dass Sie niemals den Eindruck erweckt haben, rosa, grün, gelb oder orange zu sein.

Wenn es stimmt, dass die Farbe Weiß sozusagen die Summe aller Farben ist, so sind Sie die Summe all dieser farbigen Unreinheiten, die einzig dem Bedürfnis entspringen, immer neue Unreinheiten hervorzurufen und anzustacheln.

Möchten Sie lernen, wie man auf Sardinien küsst, möchten Sie jenen originellen Kuss kennenlernen, der es Liebespaaren erlaubt, ihre sich nicht berührenden Lippen dennoch aufeinanderzupressen?

Unter den letzten hellblauen Tränen irrender Kirchtürme zur Vesperzeit beugt sich die Verlobte über die Brüstung ihres hohen Balkons, der direkt an den Himmel grenzt. Unten, an einem bestimmten Punkt, den das bleierne Schicksal erwählt hat, wartet der Verlobte, aufrecht, den Kopf zurückgeworfen und mit weit geöffnetem Mund. Mit dem zärtlichen Erbarmen ihres Fleisches lässt sie einen großen Tropfen verliebten, von nächtlicher Begierde heißen Speichels heruntertropfen.

Das kleine Gerinnsel der Wollust rinnt hinab wie die Güte Gottes. Die natürlichen Grenzen von Zeit und Raum haben sich mittlerweile aufgelöst, sodass die flüssige Leidenschaft drei Jahrhunderte lang und über zwei

Milliarden Kilometer hinweg direkt in den Rachen des Geliebten fließt, des süßen Schatzes, und ihm den Magen durchsticht, um sein Herz zu berühren.

Köstlichkeit. Riesige konzentrische Wellenbewegungen nahezu komisch anmutenden Glücks.

Dabei hat er unwillkürlich seinen Mund geschlossen. Die Lippen aufeinandergepresst. Ein eifersüchtiges Grab. Unermüdlich dreht sich das Rad der gegessenen und getrunkenen Konstellationen am unendlichen Firmament.

Ich sehe Sie vor mir, wie Sie diesen Brief lesen, mit träumerisch weit geöffneten Augen. Ihre Phantasie folgt dem Flug jenes Liebestrankes. Erschaudern bei dem Gedanken, dieses Gefängnis, das unsere Gesellschaft ist, an der Nase herumzuführen!

Anarchie der schlauen Piratensinne. Begeben wir uns also nach Uberluna, einer nahezu gänzlich unbekannten Stadt. Kriegerisch rustikale Kelterung der eisengrauen Häuserreihen, die sich aus Furcht vor den verheerenden Wirbelstürmen, welche dieses Land regelmäßig heimsuchen, dicht aneinanderdrücken. Lange Risse in den unerbittlichen Mauern. Grimassen der von Vergeltungsmaßnahmen zerstörten Eingangspforten. Riesige, von rachsüchtigen Sonnenuntergängen zerfleischte Glasaugen. Heimtückische Rauchwolken schlängeln sich um die romantischen Blitzableiter, die in den Wolken über eine quadratisch versteinerte Keuschheit wachen.

Nacht. Der Wind wetzt die Messer, um die Fenster aus den Angeln zu heben. Die Dächer und Terrassen lassen Sternenpatrouillen frei. Spitze Strahlen schleudern sich gegen das arme leere Pflaster.

— Ihre Papiere, bitte. Wohin sind Sie unterwegs? Weshalb bleiben Sie stehen? Los, weiter! Halt, nein, erst zeigen Sie mir bitte Ihren Ausweis!

Ein Plitschplatsch der Schritte, das an vorsintflutliche

Regenfälle gemahnt und die Geschwindigkeit des Fortschritts getrost ignoriert.

Schwarze, furchtsam geblähte Fenster, die auf der Lauer zu liegen scheinen. Ausspionieren. Ihnen auf die Schliche kommen. Ihm? Ihr? Beiden? Werden Sie es wagen? … Endlose Stille. Niemand will einen Schritt zu weit gehen. Niemand wird es je wagen! Wer weiß! …

Kommt, Ihr könnt bei mir in einer jener tristen Häuserreihen wohnen. Wir werden uns eine kleine schwarze schnurrbärtige Köchin nehmen, die uns saftige, mit Wacholder und Rosmarin gewürzte Speisen auftischen wird. Um unter großem Gelächter das Essen zu verdauen, werden wir sehr weise Liebesbriefe schreiben, Sie an den Sohn, ich an die Tochter des Herzogs von Uberluna, einem reichen Vater und verbohrten Schinder seiner gesamten Verwandtschaft.

Ihr Brief wird in entzückenden Worten gehalten sein, die Sie mit dem Rouge und dem Schweiß einer Ihrer in Leidenschaft durchwachten Nächte ersonnen haben werden. Mein Brief hingegen wird durchfurcht sein von dem Blut, das Ihre Zähne von meinen Lippen spritzen lassen werden. Ein wenig vom Liebeshunger aufgeladener Speichel wird das farbenprächtige Interieur des Zimmers vervollständigen. Die Köchin, nunmehr zur Assistentin unseres erotischen Laboratoriums befördert, wird jene Soßenrezepte vervollkommnen, die dazu angetan sind, die roten Blutkörperchen zu vermehren und die Produktion von Speichel in den Drüsen zu fördern.

Sodann werden auch wir, nach sardischer Art, einen architektonischen Kuss tauschen. Vom Zenit meines Mundes aus senkrecht weitertropfend auf die beiden Linien der Terrasse und des Pflasters.

So gelangen Sie schließlich in den Genuss, einen flüssigen Stern zu trinken, dort unten, aufrecht stehend, mit weit geöffnetem Mund.

Der rudernde Kuss

5. Brief an Rosa di Belgrado

Liebe sportliche Freundin, erlauben Sie mir, Ihnen aus der Ferne das Lasso des Wortes: Liebe! zuzuwerfen.

Es kommt mir vor, als würde ich Sie seit vielen Jahren bereits kennen, und doch sind es erst drei Wochen, nur drei Wochen, die zwischen meiner Einsamkeit und dem vorzüglichen Vergnügen liegen, Sie zum ersten Male beim Tanzen beobachtet zu haben.

Sie tanzten mit dem Militärattaché Franz. Ein durchaus gut aussehender Mann, doch in Wahrheit konnte jedermann sehen, dass Sie nicht zu ihm passen. Mühelos bringen Sie es fertig, Ihren Kavalier beim Tanzen einfach zum Verschwinden zu bringen.

Sie stützen sich auf seine Schulter wie etwa eine gute Schwimmerin auf einen Rettungsring.

Es heißt, dass Sie Unermüdliche das sechzigjährige Herz Ihres Ehemanns, des Barons Fells, durch exzessive gymnastische Übungen auf eine harte, tödliche Probe stellten.

Ich hingegen möchte Sie zu den großen Wettbewerben auf dem Foward See einladen.

Alles dort schimmert türkisfarben. Sie werden in einem unermesslichen Diamanten aus hellblauem Licht schweben. Ich empfehle Ihnen, bei dieser Gelegenheit einen golddurchwirkten, eng anliegenden Pullover zu tragen. 2000 Meter Freistil können rasch langweilig werden: Um dem vorzubeugen, rate ich Ihnen, mir jeweils beim Zurückschwimmen Ihren Mund darzubieten.

Ich sehe, wie achtsam Sie das Auspacken Ihres fragilen und kostbaren Bootes auf dem Steg zwischen den

Umkleidekabinen und der Dusche aus flüssigem Gold beobachten, unter den hohen Käfigen der Hinweisschilder, welche die azurfarbene Seide des Himmel geometrisieren und beziffern.

Die hohe Gestalt Ihrer drei silbergewandeten Kameraden, die Ihren eigenen goldenen Körper umrahmen.

Vier Virtuosen der Ruderkunst mit mir als Steuermann legen es darauf an, ihre Energie über 2000 Meter unter keinen Umständen vor dem finalen Duell zu verpulvern.

Aufruhr auf den Rängen, während man bekannt gibt, dass Rosa di Belgrado ins Finale eingezogen ist!

Sie? Sie haben alles: Klasse, Stil, Glauben, Mut. Zum Tusch der Trompete beginnt Ihre erste Ruderpartie, weich und lyrisch auf dem Hinweg, präzise, chirurgisch auf dem Rückweg. Auf ein Neues! Unterstützt von einem Paar starker Arme. Und während sich das Ruder, angetrieben von der Muskelkraft Ihrer Schultern und Beine, tiefer und tiefer ins Wasser bohrt, kann ich mich nun getrost dem Anblick Ihrer durchtrainierten, rhythmischen, weit ausschwingenden Rückenbewegungen hingeben und dabei die außerordentliche Zahl der Schläge zählen, die Ihr heldenhaftes Herz auszuhalten vermag.

Das Rennen nähert sich seinem Ende. Magnetisch. In Ihren Augen beschleunigen sich die türkisfarbenen Wasser des Sees. Verteidigung Ihrer goldenen Farben. Ihre Anstrengung ist beispiellos, und ich frage mich, ob Sie nun noch über eine Kraftreserve für unseren Kuss verfügen? Ja? Sind Sie sicher?

Ich beuge mich über Sie.

Und sauge den Honig des Sieges mit einer Gier aus Ihnen heraus, die Ihren gesammelten Ehrgeiz augenblicklich hinfällig werden lässt.

Dennoch ist Ihr Sieg über mich gewiss.

Weite Rhythmen unserer athletischen Herzen. Weites Stadion der ermatteten Poren.

In der Mitte des blauen Sees ist unser goldenes Boot das Podest Ihres schlanken Körpers in seinem Hemd aus eng anliegendem Gold.

Schwingen Sie den goldenen Pokal der bezwungenen Sonne, während die Boote der Verlierer Sie mit ihren goldenen Rudern wie überdimensionale Spinnen umkreisen. Bewunderte, gierige, lebendige Juwelen ersteigen Ihre Schultern und werden zu einem Diadem auf den ebenhölzernen Spalten Ihres Haares. Sie haben den rudernden Kuss errungen, den sportlichsten aller Küsse.

Wie jedoch steht es um die neidische Verwirrung Ihrer glorreichen Füßchen einer berühmten Ballerina?

Der schwimmende Kuss

6. Brief an Rosa di Belgrado

Das Ende des Winters naht, meine fröstelnde Freundin, dieses Winters, der die besten Früchte meiner amourösen Belagerung zu Grabe getragen hat.

Und nun also der Sommer, wie er unter einem Bett aus Schnee hervorschaut und sorglos die grünen Matten des Frühlings überspringt.

Ich biete Ihnen Balkons und Terrassen aus Meer, Teer, Algen, roten Segeln und Schwimmern.

Die Luft hat sich mit Blütenduft gefüllt. Der Meereshorizont verwandelt sich in den Innenrand einer Badewanne, um den herum sich die Durchsichtigkeiten grüner Reisen ranken. Unter den Füßen Teppiche aus hellblauer Gesundheit.

Ich möchte Ihren Poren die grüne Grotte von Capri erschließen, schwimmend versteht sich, einer Kathedrale, die bis zu den Kapitellen unter Wassser steht. Stumme Teufeleien und epileptische Reflexe auf lila Schleifen. Rauschen unserer vier Arme. Gestammel der Löcher im Fels: Sie erzählen von jenem auf den Kopf gestellten Firmament am Boden des perlenfarbenen Wasser, wo die keuschen Algen von Fischen beschnuppert werden, die sich wie ferne Luftschiffe bewegen.

Möchten Sie den schwimmenden Kuss kennenlernen, wie er von mir höchstpersönlich erfunden wurde? Es bedarf dazu weichen Wassers und eines intensiven Duftes von Algen. Einträchtig schwimmen wir Seite an Seite. Keine unzüchtigen Gedanken, da diese das Gleichgewicht von Herz, Muskeln und Atem nur durcheinanderbringen würden. Gemach, gemach. Das Verlangen umleiten, indem man den geographischen und gefühlsmäßigen Druck des Mittelmeeres auf den Brustkorb auskostet. Langes Luftanhalten. Sodann mit neuem Schwunge die Brust straffen.

Bei jedem Zug leuchten die Schuppen unserer Seele.

Schon produzieren unsere Zungendrüsen ein Sekret aus köstlichem Pythalin, der Schaum schmeckt nach den Chloriden aus Kali und Magnesium, so werden wir Teil des Meeres. Um uns herum peitschen die Strudel und Wellen der launischen Strömung das Wasser auf, während die unendlichen kreisrunden und beweglichen Kerne aus Eisen, Gold, Kupfer, Oxyden, Algengeröll und Kieseln die tausendfach von der Sonne gebrochenen Strahlen noch einmal brechen und das Meer grün, lila und orange färben.

Massen runder, gallertartiger, hellblauer Quallen mit weichen Fühlern unter dem senkrechten Segel aus transparentem Knorpel. Ich trinke die aufregende Rettung eines Wurzelfüßlers, auf der Zunge klebt mir sein kleines Skelett aus Kalk. Du (ich kann Sie im Wasser nun wirklich nicht länger siezen!) hast auf Deinen Hüften unendlich viele Venusgürtel, die jene goldenen Quallen verloren haben! Instinktiv wie zwei Fische, ohne Vorwarnung, drehen wir uns einander zu und spritzen uns einen Strahl Wasser in den Mund.

Die Strahle kreuzen sich. Wie die Adern unseres Meeresblutes. Dann schnelle ich empor, wobei ich den Felsen mit meinem Gesicht streife. Beschnuppern und Küssen der Münder mit unseren Mündern. Wettstreite. Küsse mit weit geöffnetem Mund trinken den ganzen Speichel, Deinen, meinen und den der Venus, das Meer. Alles.

Der tropische Kuss

7. Brief an Rosa di Belgrado

So hatten Sie es mir an jenem Abend gebeichtet: »Als ich fünfzehn Jahre alt war, träumte ich jede Nacht davon, dass die Küsse eines feurigen Liebhabers mich bis zur Neige auspressen würden!«

Ah! Weshalb nur stehen Sie in diesem Augenblick nicht gemeinsam mit mir auf der Laufplanke dieses Ozeandampfers?

Es ist mir, als würde mir Ihr biegsamer, wohlriechender, in eine Wolke aus rosa Spitzen gehüllter Leib unter Tausenden von sommerlich unbekümmerten Passagieren sogleich ins Auge stechen.

Das kurze Lächeln Ihres Abschiedsgrußes ließ, als ich gestern Abend in Barcelona an Bord ging, nichts von unserem letzten gemeinsamen Abend in der deutschen Botschaft erahnen! … Doch wann geschah dies eigentlich? Gestern oder vor vielen Jahren bereits? Ihre Gegenwart schleudert sich in Ihre Vergangenheit aus immer faszinierenderer Schönheit.

Sie stehen außerhalb von Zeit und Raum. Ich liebe Sie, das wissen Sie, ohne Ihr Wissen liebte ich Sie bereits auf Ihrer damaligen Reise … Ich flehe Sie an, stellen Sie mich alsbald Ihrem Gatten vor, der ganz gewiss nicht tot ist! (Die Ehemänner schöner Frauen sind unsterblich!)

Heute Abend, im Speisesaal, werde ich Ihnen mit meinen Blicken ein ganzes Programm der brasilianischen Liebe entschlüsseln. Ich bin mit tropischen Wäldern bestens vertraut und auch mit der seltenen Kunst, sie für die Liebe zu nutzen. Auch wenn Ihnen jedermann gewiss davon abraten wird, sich auf die Schlacht verrückt gewordener Webstühle inmitten einer langsamen Armee von Spinnen und giftigen Schlangen einzulassen!

Ich aber erkenne, dass es sich keineswegs um gedankenlose Liebelei handelt, sondern um eine aufmerksame Liebe in den weich gefütterten Schatten häutiger Flügel.

Von der fleischigen, Begierde verströmenden Decke sickert von Zeit zu Zeit ein hellblauer Tropfen, besiegt und vergessen. Auf diese Weise vermag ich Ihre Venen mit Genuss zu füllen, ohne dass der Himmel der Verzweiflung hinabstürzt, um Ihren finalen Spasmus wollüstig zu verschlingen.

Zwischen uns das Köfferchen mit den Ampullen des wundersamen Serums und den Spritzen.

Ein Knäuel aus zart-verräterischem Blattwerk. Etwa das Ihre? Lauernde Atmosphäre von Verdächtigungen … Etwa die meinen? Wir, tief unten, in Küssen verschlungen. Besonderen Küssen. Jeder wird später von einem Pilgerzug aus Gewissensbissen und Waldflöhen heimgesucht werden, um sodann durch einen heftigen Juckreiz die Sehnsucht unserer Häute zu erneuern.

Auf Ihrem Rücken die Eiseskälte einer rot, orange und grün gefleckten Schlange, die, ohne Gift zu verspritzen, einfach nur Ihre Arme zu schmücken trachtet. Die schwarzen vielbeinigen Spinnen gehen mit tödlichem Ernst zum Angriff auf meine Stiefel über; und siehe da, wir sterben nicht, sondern es schwinden uns nur die Sinne inmitten des lüstern dunklen Kitzels jenes natürlichen Alkovens.

Seien Sie gewiss, meine geduldigen Lippen sind bereits dabei, auf Ihr Antlitz und Ihre Schultern jene verzwickte Arabeske zu malen, die im Nichts beginnt und im Nichts endet.

Ohne das absurde Hindernis des Todes.

Der abstrakte Kuss

8. Brief an Rosa di Belgrado

Wo sind Sie nur? Noch immer habe ich keine Antwort auf meine ersten sieben Briefe erhalten! Genießen Sie etwa gerade eines jener heißen Länder, von denen Sie immer träumten? Oder langweilen Sie sich bereits zu Tode und haben die Nase gestrichen voll?

In diesem Falle empfehle ich Ihnen, zu mir auf die Berghütte der heiligen Agathe auf dem Monte Rosa zu kommen.

Noch in den Seilen hängend vernehme ich bereits die elastischen Schritte Ihrer ehrgeizigen Beine.

Auf 3000 Metern Höhe angekommen werden wir die Bergführer zurück ins Tal schicken und getrost die Nacht abwarten.

Und schon rundet sich die weite Ekstase der untergehenden Sonne über einem Horizont aus nervösen Zacken, die, um nicht in grausamem Weiß zu vergehen, die rosige Geselligkeit eines bewohnten Lagers vortäuschen.

In meinem Mund liegt der abstrakte Kuss für Sie bereit, parfümiert wie ein arabisches Sorbet und in vollkommener Harmonie mit dem rosaroten Zuckerhimmel.

Schnell, kommen Sie und kosten Sie von ihm. Eine unheimliche Bedrängnis aus steinernem Schnee und untröstlicher Melancholie ergreift uns.

Auf den blassen Wangen des Himmels werden Tränen aus Eis rinnen. Keine Arme werden sich öffnen und keine Brückenhelfer am Horizont erscheinen.

Furchtbare Verzweiflung dieses Kusses. Ein winziges Feuerchen zittert unter dem Lippenglas inmitten der steilen Eiswände der Anlitze.

Damit die ängstliche Flamme nicht völlig zum Erlöschen kommt, müssen unsere vier Füße unbedingt in einem Bad aus Senf stecken, ganz nach dem Vorbild Guy de Maupassants, der auf diese Weise seine pochenden Novellen schrieb. Keusch und weiß werden Ihre Venen werden, wie die Flure eines Klosters, in denen ein gelber Sonnenstrahl sich abmüht, einen eisigen Christus zu erwärmen, den man an ein Kreuz aus Schatten genagelt hat.

Der Regenkuss

9. Brief an Rosa di Belgrado

Wissen Sie, was ein Regenkuss ist? Ich erfand ihn im Jahre 1911 in Tripolis, in jenem berauschend kriegerischen Herbst überbordender Stämme ausgetrockneter rebellischer Flussbetten und ständiger Torpedierungen. Ich ersann ihn unter Palmen, die uns, philosophisch gesprochen, mit Datteln und Kugeln duschten.

Ich lebte unter Oliven, den lauten, farbenprächtigen Hähnen und der gelben Akazienterrasse eines blauen Hauses, das von der schönen Sarah Milaudu, der Geliebten eines türkischen Obersten, bewohnt wurde. Nachdem er vor den langen Augenwimpern und den Bögen ihrer Augenbrauen, die der Wind über einen Himmel aus Perlen gemalt zu haben schien, geflohen war, konnte er selbstverständlich nicht anders, als den Köstlichkeiten ihrer levantinischen Nacktheit und ihren vorwitzigen Brustwarzen nachzuweinen. Während sich sein schwarzes Profil inmitten schwarzer Räder mikroskopischer Kanonen entfernte, wurde er nach und nach vom orangefarbenen Glanz der Dünen aufgesogen.

Die Schwüle jener Oase aus Kakteen, Palmen, Langeweile und nasalem Singsang trieb uns Abend für Abend hinaus in die illusorische Frische der Wüste. Letztes rotes Aufbäumen eines Sonnenstrahls über der katzenhaften Fleischlichkeit des Sandes, Schleimspur grüner Reflexe, Schwalbengeschrei und Hundegeheul, Winseln der Schakale und ironisches Pfeifen der Hyänen.

Im Wetteifern um die wildeste Wildheit zog sich Sarah schweigend aus. Heiß hingestreckt auf den heißen Spuren der Sonne. Mit feinem Fingerspitzengefühl trockneten die Poren ihres Rückens die Sandkiesel aus Aluminium, Kalium und Magnesium. Ihr wohlgeformter Ellenbogen trennte die Quarze, die Kalkkarbonate und die Residuen des Eisenoxyds.

Ich erhob mich, den Kopf in die Höhe gereckt und die Augen zum Himmel gewandt wie ein gläubiger Moslem, und schüttete neben unseren Leibern die gesamte Chlorsäure aus, die ich in meiner Arzttasche trug. Das Kohlendioxid stieg als Rauch in die Höhe.

Ich umfing Sarahs Herz. Zwischen Lippen und Lippen spaltete sich die Chlorsäure: köstlicher Kuss, Schlacht von Chlor und Wasserstoff.

In der bläulichen Luft entlud sich die erotische Elektrizität direkt in unsere Körper und floss in die kahle Kuppel der steinernen Kathedrale unter einer von Sternenklingen gewetzten Palme.

Ein urplötzliches Durcheinander, ein Explodieren des Windes hinter den Umrissen einer fernen Düne, war das Vorzeichen eines sich in der Ferne ängstlich auftürmenden Wolkengebirges. Ein Tropfen rann zwischen Lippen hervor. Leicht süßlich. Dann zwei. Fade. Sie verschmolzen zu einer Dusche. Lauwarm. Sarah bot ihnen den Rücken, während ich sie küsste.

Im Morgengrauen wuchs Gras unter uns, jene Art von Dünengras, das im Zauber der sinnlichen Vereinigung des Regens und der männlichen Sandkiesel ergrünt.

Der automobilistische Kuss

10. Brief an Rosa di Belgrado

Ich versichere Ihnen, der einzige uns Futuristen würdige Kuss ist der automobilistische Kuss, ein Kuss der Geschwindigkeit. Sie als verwegene Fahrerin, die linke Hand am Steuerrad, lässig in die entgegengesetzte Richtung gelehnt. Und ich? … In einem anderen Fahrzeug sitze ich neben meinem jungen Fahrer, der sich selbstverständlich in Sie verlieben wird. Auf der Suche nach Ihrem Mund lehne ich mich nach links. Wie im Flug!

Kolben des Verlangens. Das Öl meines Glückes fließt im Getriebe der Gedanken. Die Spannung unseres Willens dringt in den Asphalt der Straße, deren zärtlich bedrohliche Kurven sich in jedem Moment im Aufschrei eines tödlichen Kusses verschlingen können …

Wohlgemerkt, so weit soll es nicht kommen! Das obliegt meinem Fahrer, dessen Hände auf dem zitternden Lenkrad zittern. Eifersucht überkommt mich. Wut der Straße.

Im vollen Bewusstsein des Pfeffers der Gefahr gilt es nun, die Geschwindigkeit zu erhöhen und unsere tausend Seelen auf die uns dargebotenen Lippen zu konzentrieren. Endlich, endlich möge der Funke über dem mit Unendlichkeit aufgeladenen Fleisch zuschnappen …

Funke, bereits Flamme, hohe Flamme. Flamme, lang wie ein fürchterlicher Kuss. Wollen Sie es ausprobieren?

Welchen Wagen nehmen wir?

Wie schnell sollen wir fahren?

Ich stehe ganz und gar zu Ihrer Verfügung und warte auf weitere Anweisungen.

Der aeronautische Kuss

11. Brief an Rosa di Belgrado

War Ihnen bekannt, dass ich über mein eigenes Flugzeug verfüge?

Es handelt sich um ein kleines bewegliches intimes Flugzeug, das einem Körper gleicht.

Mit angelegten Flügeln schläft es jede Nacht in meinem Schlafzimmer. Von der Terrasse aus beschützt es meine Arbeit und meinen Schlaf vor Sonne und Regen. Am Strand dient es mir als Umkleidekabine.

Seine Flügel sind die Verlängerung meiner verliebten Arme. Wenn es im Türkis des Himmels schwimmt und der Motor plötzlich langsamer wird, schlägt mein Herz, wie um seine plötzliche Mattigkeit auszugleichen, umgehend schneller. Kürzlich erst erfand ich einen feinen silbernen Schlauch, der von einem Trichter unter meinem Mund direkt bis an den Saum seines rechten Flügels führt.

Dabei handelt es sich hier nicht um die Übertragung einer Stimme, sondern um die eines Kusses. Lassen Sie es mich Ihnen erklären:

Im Morgengrauen, beim ersten dröhnenden Funken des Propellers, werden Sie das Haus verlassen, um den gezackten Kamm des Felsens zu erklimmen. Wie ein Kind klatschen Sie in die Hände, wenn Sie von Weitem bereits sehen, wie ich die von der rosa Glut des Sommers gefütterte Seide der Morgendämmerung von Lärm und Farbe befreie.

Ohne sich um den tiefen Abgrund zu bekümmern, der Sie von dem schaumigen Meer unter Ihnen trennt, warten Sie.

In weiten langsamen Spiralen, wie geölt, entwinde ich mich, indem ich hinabsteige, bis ich den Felsen streife.

Mit halb geöffnetem Mund bieten Sie mir zwischen Ihren fleischigen Lippen Ihre berauschend weißen Zähne dar, welche die Summe der ganzen Meeresfrische ausmachen. Sollten meine Berechnungen sich als falsch erweisen, werde ich Sie enthaupten!

Sollte ich indessen recht behalten wie der Herzschlagmesser, der Sie seit je verehrt, werde ich – Lichtstrahl aller Köstlichkeiten – mit der Spitze des rechten Flügels in den schmalen Spalt zwischen Ihren Lippen eindringen.

Voilà! Ihre blühende Seele leuchtet nun im Lichte Ihres Speichels. Voilà! Meine flüssige Seele leuchtet in der Atmosphäre, die Ihnen schneller und schneller und schneller zufliegt.

Sind Sie bereit?

So! Kuss vollbracht. Danke.

Der Ihre … Und weiter geht‘s! Schon fliege ich wieder und befinde mich bereits tausend Meter über Ihnen in einer grauen, von eisigen Nadeln gespickten Wolke …

Brief von Rosa di Belgrado

»Auf diese meine elf Briefe erhielt ich nur eine einzige lakonisch-aufgewühlte Antwort.«

Lieber Freund, um Ihre 11 geheimnissvollen Briefe recht zu verstehen, habe ich sie mir gleichzeitig von meinen elf Dienern unterschiedlichen Alters vorlesen lassen. Nun warte ich gespannt auf eine Liste mit den Namen und den Adressen der anderen 10 Weltmeister im Küssen, denn ich halte es schlichtweg für unmöglich, dass Sie allein sie alle in einem einzigen zusammenfassen können.

Ihre vertrauensvolle Freundin
Rosa di Belgrado

Ich beanspruchte für mich den schwimmenden Kuss allein und begab mich in den wichtigsten europäischen Hauptstädten auf die Suche nach zehn ausgewiesenen, beziehungsweise gelehrigen Liebhabern. Nachdem ich leider nicht hatte fündig werden können, begann ich, mich höchstpersönlich auf jenen simultanen Kussmarathon vorzubereiten, den die Prinzessin sich von mir erhoffte. Nun muss ich, ohne große Verwunderung, in einer Belgrader Tageszeitung lesen:

Die besten italienischen, französischen und deutschen Chirugen haben sich um das Bett von Prinzessin Rosa versammelt, um über eine dringend notwendige Operation zu beraten.

Wie alle Welt weiß, leidet die Prinzessin an einem mysteriösen Lippenleiden, das darin besteht, dass ihre Lippen, die keineswegs deformiert sind, derart unerträglich brennen, dass die Gefahr besteht, dass die kaiserliche Kranke darüber wahnsinnig werden könnte.

Es heißt, dass Rosa di Belgrado, nurmehr eine geisterhafte Erscheinung, während eines ihrer schmerzhaftesten Anfälle, sich dabei auf die Unterarme stützend, die folgenden, vollkommen unverständlichen Worte sprach:

— Entreißt meinen Lippen jene elf verdammten Küsse. Ja! Ja! Trennt mir die Lippen ab und befreit mich von dem allgegenwärtigen Imperialismus dieses simultanen Mundes. Ich flehe Euch an, schicken Sie nach dem unversöhnlichen Autor dieses kurzen Romans!

Stefanie Golisch

Tod dem Mondschein

Marinettis nüchterne Romantik

Sein Name ist Programm.

Filippo Tommaso Marinetti, der Begründer des Futurismus, ist sein eigenes Gesamtkunstwerk. Bezeichnend ist in diesem Zusammenhang, dass sich mit ihm eben kein bestimmter Buchtitel verbindet, sondern Schlagworte und Parolen wie etwa die von den aus ihrem grammatischen Gefängnis zu befreienden Wörtern. Sein rastloses Naturell ist Synonym jenes geballten Energieschubes, der zu Beginn des 20. Jahrhunderts in Europa die Kathedralen kanonisierter Ästhetik erschütterte und im Laufe kürzester Zeit zum Einsturz brachte.

Durch kompakte Manifeste, mithilfe derer Marinetti alle Bereiche des individuellen und gesellschaftlichen Lebens radikal umzukrempeln trachtete, sowie durch spektakuläre öffentliche Auftritte, die man heute wohl am ehesten als Happenings bezeichnen würde und die nach Ansicht ihres Initiators erst dann als gelungen verbucht werden konnten, wenn sie in ein allgemeines Handgemenge mündeten, ging es ihm vor allen Dingen um eins: den Futurismus, sprich sich selbst, mit allen Mitteln ins Rampenlicht der medialen Aufmerksamkeit zu katapultieren.

Kunst als dynamisches und, so die Hoffnung, dynamisierendes Event, das Verkrustungen aufbrechen und die Formen gesellschaftlichen Umgangs radikal erneuern sollte.

Wohl kaum einem anderen Künstler oder Kunsttheoretiker seiner Epoche dürften die realen Entwicklungen des Kulturbetriebs so sehr recht gegeben haben wie ausgerechnet dem 1876 im ägyptischen Alexandria geborenen italienischen Millionärssohn, Kosmopoliten und persönlichen Freund Benito Mussolinis.

Mit sicherem Instinkt wittert Marinetti die Widersprüche und das enorme Konfliktpotenzial im Italien seiner Zeit, eines Landes, das unter der Last seiner großen Vergangenheit zu erstarren drohte und deshalb im Begriff war, den Anschluss an die internationalen Tendenzen von Kunst und Kultur unwiderruflich zu verpassen.

Aus seiner durchaus realistischen Zeitdiagnose heraus entwickelte Marinetti ein Therapiekonzept, das keineswegs aus zarten Bachblüten bestand, sondern einer wahren Rosskur gleichkam. Keineswegs begnügte er sich damit, hier und dort Impulse zu setzen oder in intellektuellen Kreisen Denkprozesse zu fördern, sondern setzte auf den radikalen Bruch, das Neue um des Neuen willen. Unverzüglich, voraussetzungslos, ohne jeden Vorlauf, ohne jeden Kompromiss. Der Krieg wird für ihn Zeit seines Lebens *das* Symbol notwendiger Zerstörung und Erneuerung sein. Provokation ist sein ausdrückliches Programm, dem er bis ans Ende seines Lebens, das ungefähr mit dem des italienischen Faschismus zusammenfällt, treu bleiben wird. Noch wenige Tage vor seinem Tode im Dezember 1944 verfasste er sein letztes Manifest *Quarto d'ora di poesia della X Mas*, die Glorifizierung einer italienischen Eliteeinheit, dessen herrischer Impetus nahtlos an das berühmte futuristische Manifest anzuknüpfen scheint, mit dem im Jahre 1909 alles begann.

Wie alle Avantgardebewegungen des 20. Jahrhunderts zielt auch die futuristische *Revolution* auf alle Bereiche des Lebens und letztlich auf eine Art *neuen Menschen*: ein gelenkiges, angriffslustiges, vor Vitalität vibrierendes Wesen, das sich ohne Erinnerungsballast und Sentimentalismus im Hier und Jetzt seiner Gegenwart dynamisch verwirklicht.

Im Sinne seines absoluten Ideals überlegener Männlichkeit bedenkt Marinetti in diesem Zusammenhang nicht zuletzt auch die besonderen Qualitäten der menschlichen Beziehungen, zumal derjenigen zwischen Mann und Frau. Dass sein Blick auf das weibliche Geschlecht dabei keineswegs radikal neu ist, darüber kann seit dem futuristischen Gründungsmanifest, mit dessen Hilfe er seinen Feldzug auf dem internationalen Parkett als geborener Entertainer inszenierte, kein Zweifel bestehen.

Im Jahre 1916 diktierte Marinetti während eines Heimaturlaubs von der Front seinem Freund, dem Futuristen Bruno Corra (1882–1976), das Pamphlet *Wie man die Frauen verführt*, ein Buch, das sowohl durch seine Thematik als auch aufgrund seiner leichten Lesbarkeit zu seinem einzigen kommerziellen Erfolg werden sollte. In elf kurzen Kapiteln setzt sich Marinetti als geborener *tombeur de femmes* und als unschlagbarer Kenner der Materie Frau in Szene, als Mann von Welt, dem seine erotischen Erfolge auf ganzer Linie recht geben und der deshalb beschlossen hat, seine Strategien öffentlich zu machen.

Im Gegensatz zu seinen vorhergehenden Manifesten wendet sich der Autor hier nicht allein an angehende futuristische Künstler und Schriftsteller, sondern im Prinzip an jeden Mann, der um des praktischen Nutzens willen danach trachten sollte, seine Kenntnisse auf dem Gebiete der Verführung zu erweitern.

In weltläufig-eleganter Diktion betrachtet Marinetti in seinem Handbuch die Frau gleich einem edlen Wild vollkommen auf der Objektebene: als im Grunde genommen unschwer zu durchschauendes Naturwesen, das sich, wenn der Mann nur die richtigen Methoden beherrscht, mit Leichtigkeit in die willenlose Dienerin seines Begehrens verwandeln lässt. Dennoch propagiert er keineswegs die widerspruchslose Unterwerfung der Frau, sondern lädt sie im Gegenteil dazu ein, sich im Rahmen des vorgegebenen Regelkanons als kreative Spielgefährtin des Mannes zu positionieren. Liebe und Erotik, wie Marinetti sie hier und in seinen »Simultanen Novellen« *11 Küsse für Rosa di Belgrado* aus dem Jahre 1930 imaginiert, sind letztendlich ein Maskenspiel aus Wunsch und Begehren, Wirklichkeit und Zitat, Sehnsucht und ironischer Brechung derselben.

Marinetti übertreibt, und zwar grundsätzlich und mit System. Deshalb mag es erlaubt sein, seine Selbststilisierungen getrost an ihren eigentlichen Intentionen vorbei zu lesen: als amüsante, elegante und instinktiv hellsichtige Zeugnisse eines unverbesserlichen Romantikers, der sich im Wüten gegen die eigene Disposition verausgabt und dem dabei ein Stück Literatur gelingt, das nicht nur das konfliktgeladene Verhältnis der Geschlechter ohne falsche Beschönigungen auf den Punkt bringt, sondern zugleich ein gewisses anarchisches Potenzial freisetzt, das man mit einigem Recht als implizite Einladung zu einem unverkrampft-spielerischen Umgang miteinander begreifen darf.

Die Tatsache, dass in der der Technologie verfallenen Welt unserer Gegenwart ausgerechnet der Futurismus als Retter der Phantasie daherkommt, mag man getrost als einen ironischen Seitenhieb der Geschichte begreifen, der seinem Schöpfer gewiss nicht missfallen hätte.

Erste Auflage Berlin 2015

Göhrener Str. 7 | 10437 Berlin
info@matthes-seitz-berlin.de

Titel der Originalausgabe 1916:
»Come si seducono le donne« und »Novelle con le labbra tinte«,
erschienen bei Vallecchi, Firenze, 2003

Umschlaggestaltung unter Verwendung
der Collage ›Strength 8‹ von James Gallagher
Satz: Hermann Zanier, Berlin
Lektorat: Tim Trzaskalik
Druck und Bindung: Pustet, Regensburg
Printed in Germany

ISBN 978-3-95757-019-2

www.matthes-seitz-berlin.de

Paul Lafargue

Das Recht auf Faulheit

Aus dem Französischen von Eduard Bernstein und Ulrich Kunzmann, mit einem Essay von Guillaume Paoli
144 Seiten, gebunden

Manche Texte wollen nicht so sehr klare Gedanken als vielmehr eine vitale Reaktion auslösen. Es reicht, wenn sich der Leser am nächsten Morgen gegen alle Verpflichtungen dazu entscheidet, im Bett zu bleiben. Ein Klassiker dieser Gattung ist ›Das Recht auf Faulheit‹, eine vehemente, schwungvolle, satirische Attacke gegen die Arbeitsmoral, die an die Zeitgenossen gerichtet ist und ihre Schärfe dennoch aus zeitlosen Motiven zieht, allen voran das Bild der verkehrten Welt: Auf einmal steht alles auf dem Kopf, die heilige Faulheit wird als neuer Kult zelebriert, die Reichen und Mächtigen werden Schauspieler zur Belustigung der feiernden Massen. Doch wie ratsam es ist, im Lachen innezuhalten und den Reichtum und die unheimliche Aktualität der hinter so viel Witz verborgenen Gedanken aufzuspüren, zeigt Guillaume Paoli in seinem brillanten Essay ›Wider den Ernst des Lebens‹, der von einem Recht und eben nicht einem Lob der Faulheit spricht – wirklich von Faulheit und nicht von Muße.